GOTTHOLD EPHRAIM LESSING

NATHAN DER WEISE

Ein dramatisches Gedicht in fünf Aufzügen

Introite, nam et heic Dii sunt.

Apud Gellium

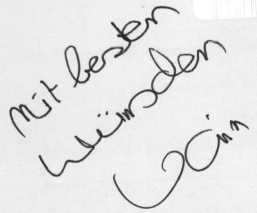

Mit besten Wünschen
Jörn

HAMBURGER LESEHEFTE VERLAG

HUSUM/NORDSEE

PERSONEN

SULTAN SALADIN

SITTAH, dessen Schwester

NATHAN, ein reicher Jude in Jerusalem

RECHA, dessen angenommene Tochter

DAJA, eine Christin, aber in dem Hause
des Juden, als Gesellschafterin der Recha

EIN JUNGER TEMPELHERR

EIN DERWISCH

DER PATRIARCH VON JERUSALEM

EIN KLOSTERBRUDER

EIN EMIR
nebst verschiednen Mamelucken des Saladin

Die Szene ist in Jerusalem

ERSTER AUFZUG

ERSTER AUFTRITT

Szene: Flur in Nathans Hause.

Nathan von der Reise kommend. Daja ihm entgegen.

DAJA. Er ist es! Nathan! – Gott sei ewig Dank,
Dass Ihr doch endlich einmal wiederkommt.
NATHAN. Ja, Daja; Gott sei Dank! Doch warum endlich?
Hab ich denn eher wiederkommen wollen?
5   Und wiederkommen können? Babylon
Ist von Jerusalem, wie ich den Weg,
Seitab bald rechts, bald links, zu nehmen bin
Genötigt worden, gut zweihundert Meilen;
Und Schulden einkassieren ist gewiss
10   Auch kein Geschaft, das merklich fordert, das
So von der Hand sich schlagen lässt.
DAJA.   O Nathan,
Wie elend, elend hättet Ihr indes
Hier werden können! Euer Haus . . .
NATHAN.   Das brannte.
So hab ich schon vernommen. – Gebe Gott,
15   Dass ich nur alles schon vernommen habe!
DAJA. Und wäre leicht von Grund aus abgebrannt.
NATHAN. Dann, Daja, hätten wir ein neues uns
Gebaut; und ein bequemeres.
DAJA.   Schon wahr! –
Doch Recha wär bei einem Haare mit
20   Verbrannt.
NATHAN. Verbrannt? Wer? meine Recha? sie? –
Das hab ich nicht gehört. – Nun dann! So hätte
Ich keines Hauses mehr bedurft. – Verbrannt
Bei einem Haare! – Ha! sie ist es wohl!
Ist wirklich wohl verbrannt! – Sag nur heraus!
25   Heraus nur! – Töte mich: und martre mich
Nicht länger. – Ja, sie ist verbrannt.
DAJA.   Wenn sie
Es wäre, würdet Ihr von mir es hören?
NATHAN. Warum erschreckest du mich denn? – O Recha!
O meine Recha!
DAJA.   Eure? Eure Recha?

NATHAN. Wenn ich mich wieder je entwöhnen müsste,   30
Dies Kind mein Kind zu nennen!

DAJA.   Nennt Ihr alles,
Was Ihr besitzt, mit ebenso viel Rechte
Das Eure?

NATHAN. Nichts mit größerm! Alles, was
Ich sonst besitze, hat Natur und Glück
Mir zugeteilt. Dies Eigentum allein   35
Dank ich der Tugend.

DAJA.   Oh, wie teuer lasst
Ihr Eure Güte, Nathan, mich bezahlen!
Wenn Güt, in solcher Absicht ausgeübt,
Noch Güte heißen kann!

NATHAN.   In solcher Absicht?
In welcher?   40

DAJA.   Mein Gewissen …

NATHAN.   Daja, lass
Vor allen Dingen dir erzählen …

DAJA.   Mein
Gewissen, sag ich …

NATHAN.   Was in Babylon
Für einen schönen Stoff ich dir gekauft.
So reich und mit Geschmack so reich! Ich bringe
Für Recha selbst kaum einen schönern mit.   45

DAJA. Was hilft's? Denn mein Gewissen, muss ich Euch
Nur sagen, lässt sich länger nicht betäuben.

NATHAN. Und wie die Spangen, wie die Ohrgehenke,
Wie Ring und Kette dir gefallen werden,
Die in Damaskus ich dir ausgesucht: 50
Verlanget mich zu sehn.

DAJA.   So seid Ihr nun!
Wenn Ihr nur schenken könnt! nur schenken könnt!

NATHAN.
Nimm du so gern, als ich dir geb: – und schweig!

DAJA. Und schweig! – Wer zweifelt, Nathan, dass Ihr nicht
Die Ehrlichkeit, die Großmut selber seid?   55
Und doch …

NATHAN.   Doch bin ich nur ein Jude. – Gelt,
Das willst du sagen?

DAJA.   Was ich sagen will,
Das wisst Ihr besser.

NATHAN.   Nun so schweig!

DAJA.   Ich schweige.

Was Sträfliches vor Gott hierbei geschieht,
60   Und ich nicht hindern kann, nicht ändern kann, –
Nicht kann, – komm über Euch!

NATHAN.   Komm über mich! –
Wo aber ist sie denn? wo bleibt sie? – Daja,
Wenn du mich hintergehst! – Weiß sie es denn,
Dass ich gekommen bin?

DAJA.   Das frag ich Euch!
65   Noch zittert ihr der Schreck durch jede Nerve.
Noch malet Feuer ihre Phantasie
Zu allem, was sie malt. Im Schlafe wacht,
Im Wachen schläft ihr Geist: bald weniger
Als Tier, bald mehr als Engel.

NATHAN.   Armes Kind!
70   Was sind wir Menschen!

DAJA.   Diesen Morgen lag
Sie lange mit verschlossnem Aug und war
Wie tot. Schnell fuhr sie auf und rief: „Horch! horch!
Da kommen die Kamele meines Vaters!
Horch! seine sanfte Stimme selbst!" – Indem
75   Brach sich ihr Auge wieder: und ihr Haupt,
Dem seines Armes Stütze sich entzog,
Stürzt' auf das Kissen. – Ich, zur Pfort hinaus!
Und sieh: da kommt Ihr wahrlich! kommt Ihr wahrlich! –
Was Wunder! ihre ganze Seele war
80   Die Zeit her nur bei Euch – und ihm. –

NATHAN.   Bei ihm?
Bei welchem Ihm?

DAJA.   Bei ihm, der aus dem Feuer
Sie rettete.

NATHAN. Wer war das? wer? – Wo ist er?
Wer rettete mir meine Recha? wer?

DAJA. Ein junger Tempelherr, den wenig Tage
85   Zuvor man hier gefangen eingebracht
Und Saladin begnadigt hatte.

NATHAN.   Wie?
Ein Tempelherr, dem Sultan Saladin
Das Leben ließ? Durch ein geringres Wunder
War Recha nicht zu retten? Gott!

DAJA.   Ohn ihn,
90   Der seinen unvermuteten Gewinn
Frisch wieder wagte, war es aus mit ihr.

NATHAN. Wo ist er, Daja, dieser edle Mann? –

Wo ist er? Führe mich zu seinen Füßen.
Ihr gabt ihm doch vors Erste, was an Schätzen
Ich euch gelassen hatte? gabt ihm alles?   95
Verspracht ihm mehr? weit mehr?
DAJA.   Wie konnten wir?
NATHAN. Nicht? nicht?
DAJA.   Er kam, und niemand weiß woher.
Er ging, und niemand weiß wohin. – Ohn alle
Des Hauses Kundschaft, nur von seinem Ohr
Geleitet, drang mit vorgespreiztem Mantel   100
Er kühn durch Flamm und Rauch der Stimme nach,
Die uns um Hilfe rief. Schon hielten wir
Ihn für verloren, als aus Rauch und Flamme
Mit eins er vor uns stand, im starken Arm
Empor sie tragend. Kalt und ungerührt   105
Vom Jauchzen unsers Danks, setzt seine Beute
Er nieder, drängt sich unters Volk und ist –
Verschwunden!
NATHAN.   Nicht auf immer, will ich hoffen.
DAJA. Nachher die ersten Tage sahen wir
Ihn unter Palmen auf und nieder wandeln,   110
Die dort des Auferstandnen Grab umschatten.
Ich nahte mich ihm mit Entzücken, dankte,
Erhob, entbot, beschwor, – nur einmal noch
Die fromme Kreatur zu sehen, die
Nicht ruhen könne, bis sie ihren Dank   115
Zu seinen Füßen ausgeweinet.
NATHAN.   Nun?
DAJA. Umsonst! Er war zu unsrer Bitte taub
Und goss so bittern Spott auf mich besonders …
NATHAN. Bis dadurch abgeschreckt …
DAJA.   Nichts weniger!
Ich trat ihn jeden Tag von neuem an,   120
Ließ jeden Tag von neuem mich verhöhnen.
Was litt ich nicht von ihm! Was hätt ich nicht
Noch gern ertragen! – Aber lange schon
Kommt er nicht mehr, die Palmen zu besuchen,
Die unsers Auferstandnen Grab umschatten –   125
Und niemand weiß, wo er geblieben ist. –
Ihr staunt? Ihr sinnt?
NATHAN.   Ich überdenke mir,
Was das auf einen Geist wie Rechas wohl
Für Eindruck machen muss. Sich so verschmäht

130 Von dem zu finden, den man hoch zu schätzen
     Sich so gezwungen fühlt; so weggestoßen
     Und doch so angezogen werden; – Traun,
     Da müssen Herz und Kopf sich lange zanken,
     Ob Menschenhass, ob Schwermut siegen soll.
135 Oft siegt auch keines; und die Phantasie,
     Die in den Streit sich mengt, macht Schwärmer,
     Bei welchen bald der Kopf das Herz und bald
     Das Herz den Kopf muss spielen. – Schlimmer Tausch! –
     Das Letztere, verkenn ich Recha nicht,
140 Ist Rechas Fall: sie schwärmt.
DAJA.   Allein so fromm,
     So liebenswürdig!
NATHAN.   Ist doch auch geschwärmt!
DAJA. Vornehmlich eine – Grille, wenn Ihr wollt,
     Ist ihr sehr wert. Es sei ihr Tempelherr
     Kein irdischer und keines irdischen;
145 Der Engel einer, deren Schutze sich
     Ihr kleines Herz von Kindheit auf so gern
     Vertrauet glaubte, sei aus seiner Wolke,
     In die er sonst verhüllt, auch noch im Feuer
     Um sie geschwebt, mit eins als Tempelherr
150 Hervorgetreten. – Lächelt nicht! – Wer weiß?
     Lasst lächelnd wenigstens ihr einen Wahn,
     In dem sich Jud und Christ und Muselmann
     Vereinigen; – so einen süßen Wahn!
NATHAN. Auch mir so süß! – Geh, wackre Daja, geh;
155 Sich, was sie macht; ob ich sie sprechen kann. –
     Sodann such ich den wilden, launigen
     Schutzengel auf. Und wenn ihm noch beliebt,
     Hienieden unter uns zu wallen; noch
     Beliebt, so ungesittet Ritterschaft
160 Zu treiben: find ich ihn gewiss und bring
     Ihn her.
DAJA.   Ihr unternehmet viel.
NATHAN.   Macht dann
     Der süße Wahn der süßern Wahrheit Platz: –
     Denn, Daja, glaube mir; dem Menschen ist
     Ein Mensch noch immer lieber als ein Engel –
165 So wirst du doch auf mich, auf mich nicht zürnen,
     Die Engelschwärmerin geheilt zu sehn?
DAJA. Ihr seid so gut und seid zugleich so schlimm!
     Ich geh! – Doch hört! doch seht! – Da kommt sie selbst.

ZWEITER AUFTRITT

Recha und die Vorigen.

RECHA. So seid Ihr es doch ganz und gar, mein Vater?
Ich glaubt', Ihr hättet Eure Stimme nur   170
Vorausgeschickt. Wo bleibt Ihr? Was für Berge,
Für Wüsten, was für Ströme trennen uns
Denn noch? Ihr atmet Wand an Wand mit ihr
Und eilt nicht, Eure Recha zu umarmen?
Die arme Recha, die indes verbrannte! –   175
Fast, fast verbrannte! Fast nur. Schaudert nicht!
Es ist ein garst'ger Tod, verbrennen. Oh!
NATHAN. Mein Kind! mein liebes Kind!
RECHA.   Ihr musstet über
Den Euphrat, Tigris, Jordan; über – wer
Weiß was für Wasser all? – Wie oft hab ich   180
Um Euch gezittert, eh das Feuer mir
So nahe kam! Denn seit das Feuer mir
So nahe kam: dünkt mich im Wasser sterben
Erquickung, Labsal, Rettung. – Doch Ihr seid
Ja nicht ertrunken: ich, ich bin ja nicht   185
Verbrannt. Wie wollen wir uns freun und Gott,
Gott loben! Er, er trug Euch und den Nachen
Auf Flügeln seiner unsichtbaren Engel
Die ungetreuen Ström' hinüber. Er,
Er winkte meinem Engel, dass er sichtbar   190
Auf seinem weißen Fittiche mich durch
Das Feuer trüge –
NATHAN.   (Weißem Fittiche!
Ja, ja! der weiße vorgespreizte Mantel
Des Tempelherrn.)
RECHA.   Er sichtbar, sichtbar mich
durchs Feuer trüg, von seinem Fittiche   195
Verweht. – Ich also, ich hab einen Engel
Von Angesicht zu Angesicht gesehn;
Und meinen Engel.
NATHAN.   Recha wär es wert;
Und würd an ihm nichts Schönres sehn, als er
An ihr.   200
RECHA *(lächelnd).* Wem schmeichelt Ihr, mein Vater? wem?
Dem Engel oder Euch?
NATHAN.   Doch hätt auch nur

Ein Mensch – ein Mensch, wie die Natur sie täglich
Gewährt, dir diesen Dienst erzeigt: er müsste
Für dich ein Engel sein. Er müsst und würde.
205 RECHA. Nicht so ein Engel; nein! ein wirklicher;
Es war gewiss ein wirklicher! – Habt Ihr,
Ihr selbst die Möglichkeit, dass Engel sind,
Dass Gott zum Besten derer, die ihn lieben,
Auch Wunder könne tun, mich nicht gelehrt?
210 Ich lieb ihn ja.
NATHAN.   Und er liebt dich; und tut
Für dich und deinesgleichen stündlich Wunder;
Ja, hat sie schon von aller Ewigkeit
Für euch getan.
RECHA.   Das hör ich gern.
NATHAN.   Wie? weil
Es ganz natürlich, ganz alltäglich klänge,
215 Wenn dich ein eigentlicher Tempelherr
Gerettet hätte: sollt es darum weniger
Ein Wunder sein? – Der Wunder höchstes ist,
Dass uns die wahren, echten Wunder so
Alltäglich werden können, werden sollen.
220 Ohn dieses allgemeine Wunder hätte
Ein Denkender wohl schwerlich Wunder je
Genannt, was Kindern bloß so heißen müsste,
Die gaffend nur das Ungewöhnlichste,
Das Neuste nur verfolgen.
DAJA *(zu Nathan).*   Wollt Ihr denn
225 Ihr ohnedem schon überspanntes Hirn
durch solcherlei Subtilitäten ganz
Zersprengen?
NATHAN.   Lass mich! – Meiner Recha wär
Es Wunders nicht genug, dass sie ein M e n s c h
Gerettet, welchen selbst kein kleines Wunder
230 Erst retten müssen? Ja, kein kleines Wunder!
Denn wer hat schon gehört, dass Saladin
Je eines Tempelherrn verschont? dass je
Ein Tempelherr von ihm verschont zu werden
Verlangt? gehofft? ihm je für seine Freiheit
235 Mehr als den ledern Gurt geboten, der
Sein Eisen schleppt; und höchstens seinen Dolch?
RECHA. Das schließt für mich, mein Vater. – Darum eben
War das kein Tempelherr; er schien es nur. –
Kömmt kein gefangner Tempelherr je anders

Als zum gewissen Tode nach Jerusalem;   240
Geht keiner in Jerusalem so frei
Umher: wie hätte mich des Nachts freiwillig
Denn einer retten können?
NATHAN.   Sieh! wie sinnreich.
Jetzt, Daja, nimm das Wort. Ich hab es ja
Von dir, dass er gefangen hergeschickt   245
Ist worden. Ohne Zweifel weißt du mehr.
DAJA. Nun ja. – So sagt man freilich; – doch man sagt
Zugleich, dass Saladin den Tempelherrn
Begnadigt, weil er seiner Brüder einem,
Den er besonders lieb gehabt, so ähnlich sehe.   250
Doch da es viele zwanzig Jahre her,
Dass dieser Bruder nicht mehr lebt, – er hieß,
Ich weiß nicht wie; – er blieb, ich weiß nicht wo: –
So klingt das ja so gar – so gar unglaublich,
Dass an der ganzen Sache wohl nichts ist.   255
NATHAN. Ei, Daja! Warum wäre denn das so
Unglaublich? Doch wohl nicht – wie's wohl geschieht –
Um lieber etwas noch Unglaublichers
Zu glauben? – Warum hätte Saladin,
Der sein Geschwister insgesamt so liebt,   260
In jüngern Jahren einen Bruder nicht
Noch ganz besonders lieben können? – Pflegen
Sich zwei Gesichter nicht zu ähneln? – Ist
Ein alter Eindruck ein verlorner? – Wirkt
Das Nämliche nicht mehr das Nämliche? –   265
Seit wenn? – Wo steckt hier das Unglaubliche? –
Ei freilich, weise Daja, wär's für dich
Kein Wunder mehr; und d e i n e Wunder nur
Bedürf ... verdienen, will ich sagen, Glauben.
DAJA. Ihr spottet.   270
NATHAN.   Weil du meiner spottest – Doch
Auch so noch, Recha, bleibet deine Rettung
Ein Wunder, dem nur möglich, der die strengsten
Entschlüsse, die unbändigsten Entwürfe
Der Könige, sein Spiel – wenn nicht sein Spott –
Gern an den schwächsten Fäden lenkt.   275
RECHA.   Mein Vater!
Mein Vater, wenn ich irr, Ihr wisst, ich irre
Nicht gern.
NATHAN.   Vielmehr, du lässt dich gern belehren. –
Sieh! eine Stirn, so oder so gewölbt;

Der Rücken einer Nase, so vielmehr
280 Als so geführet; Augenbrauen, die
Auf einem scharfen oder stumpfen Knochen
So oder so sich schlängeln; eine Linie,
Ein Bug, ein Winkel, eine Falt, ein Mal,
Ein Nichts, auf eines wilden Europäers
285 Gesicht: – und du entkömmst dem Feu'r, in Asien!
D a s wär kein Wunder, wundersücht'ges Volk?
Warum bemüht ihr denn noch einen Engel?

DAJA. Was schadet's – Nathan, wenn ich sprechen darf –
Bei alledem, von einem Engel lieber
290 Als einem Menschen sich gerettet denken?
Fühlt man der ersten unbegreiflichen
Ursache seiner Rettung nicht sich so
Viel näher?

NATHAN. Stolz! und nichts als Stolz! Der Topf
Von Eisen will mit einer silbern Zange
295 Gern aus der Glut gehoben sein, um selbst
Ein Topf von Silber sich zu dünken. – Pah! –
Und was es schadet, fragst du? was es schadet?
Was hilft es? dürft ich nur hinwieder fragen. –
Denn dein „Sich Gott umso viel näher fühlen"
300 Ist Unsinn oder Gotteslästerung. –
Allein es schadet; ja, es schadet allerdings. –
Kommt! hört mir zu. – Nicht wahr? dem Wesen, das
Dich rettete, – es sei ein Engel oder
Ein Mensch –, dem möchtet ihr, und du besonders,
305 Gern wieder viele große Dienste tun? –
Nicht wahr? – Nun, einem Engel, was für Dienste,
Für große Dienste könnt ihr dem wohl tun?
Ihr könnt ihm danken; zu ihm seufzen, beten;
Könnt in Entzückung über ihn zerschmelzen;
310 Könnt an dem Tage seiner Feier fasten,
Almosen spenden. – Alles nichts. – Denn mich
Deucht immer, dass ihr selbst und euer Nächster
Hierbei weit mehr gewinnt als er. Er wird
Nicht fett durch euer Fasten; wird nicht reich
315 durch eure Spenden; wird nicht herrlicher
durch eu'r Entzücken; wird nicht mächtiger
durch eu'r Vertraun. Nicht wahr? Allein ein Mensch!

DAJA. Ei freilich hätt ein Mensch, etwas für ihn
Zu t u n, uns mehr Gelegenheit verschafft.
320 Und Gott weiß, wie bereit wir dazu waren!

Allein er wollte ja, bedurfte ja
So völlig nichts; war in sich, mit sich so
Vergnügsam, als nur Engel sind, nur Engel
Sein können.
RECHA.   Endlich, als er gar verschwand ...
NATHAN.
Verschwand? – Wie denn verschwand? – Sich untern Palmen   325
Nicht ferner sehen ließ? – Wie? oder habt
Ihr wirklich schon ihn weiter aufgesucht?
DAJA. Das nun wohl nicht.
NATHAN.   Nicht, Daja? nicht? – Da sieh
Nun, was es schad't! – Grausame Schwärmerinnen! –
Wenn dieser Engel nun – nun krank geworden! ...   330
RECHA. Krank!
DAJA.   Krank! Er wird doch nicht!
RECHA.   Welch kalter Schauer
Befällt mich! – Daja! – Meine Stirne, sonst
So warm, fühl! ist auf einmal Eis.
NATHAN.   Er ist
Ein Franke, dieses Klimas ungewohnt;
Ist jung; der harten Arbeit seines Standes,   335
Des Hungerns, Wachens ungewohnt.
RECHA.   Krank! Krank!
DAJA. Das wäre möglich, meint ja Nathan nur.
NATHAN. Nun liegt er da! hat weder Freund, noch Geld
Sich Freunde zu besolden.
RECHA.   Ah, mein Vater!
NATHAN. Liegt ohne Wartung, ohne Rat und Zusprach,   340
Ein Raub der Schmerzen und des Todes da!
RECHA. Wo? wo?
NATHAN.   Er, der für eine, die er nie
Gekannt, gesehn – genug, es war ein Mensch –
Ins Feu'r sich stürzte ...
DAJA.   Nathan, schonet ihrer!
NATHAN. Der, was er rettetet, nicht näher kennen,   345
Nicht weiter sehen mocht', – um ihm den Dank
Zu sparen ...
DAJA.   Schonet ihrer, Nathan!
NATHAN.   Weiter
Auch nicht zu sehn verlangt', – es wäre denn,
Dass er zum zweiten Mal es retten sollte –
Denn g'nug, es ist ein Mensch ...   350
DAJA.   Hört auf, und seht!

NATHAN. Der, der hat sterbend sich zu laben, nichts –
　　　Als das Bewusstsein dieser Tat!
DAJA.　　　　　　　　　　Hört auf!
　　　Ihr tötet sie!
NATHAN.　Und du hast ihn getötet! –
　　　Hättst so ihn töten können. – Recha! Recha!
355　Es ist Arznei, nicht Gift, was ich dir reiche.
　　　Er lebt! – komm zu dir! – ist auch wohl nicht krank;
　　　Nicht einmal krank!
RECHA.　　　　　Gewiss? – nicht tot? nicht krank?
NATHAN. Gewiss, nicht tot! Denn Gott lohnt Gutes, hier
　　　Getan, auch hier noch. – Geh! – Begreifst du aber,
360　Wie viel andächtig schwärmen leichter, als
　　　Gut handeln ist? wie gern der schlaffste Mensch
　　　Andächtig schwärmt, um nur, – ist er zu Zeiten
　　　Sich schon der Absicht deutlich nicht bewusst –
　　　Um nur gut handeln nicht zu dürfen?
RECHA.　　　　　　　　　　Ach,
365　Mein Vater! lasst, lasst Eure Recha doch
　　　Nie wiederum allein! – Nicht wahr, er kann
　　　Auch wohl verreist nur sein? –
NATHAN.　　　　　Geht! – Allerdings. –
　　　Ich seh, dort mustert mit neugier'gem Blick
　　　Ein Muselmann mir die beladenen
370　Kamele. Kennt Ihr ihn?
DAJA.　　　　　Ha! Euer Derwisch.
NATHAN. Wer?
DAJA.　　　Euer Derwisch; Euer Schachgesell!
NATHAN. Al-Hafi? das Al-Hafi?
DAJA.　　　　　Itzt des Sultans
　　　Schatzmeister.
NATHAN.　Wie? Al-Hafi? Träumst du wieder? –
　　　Er ist's! – wahrhaftig, ist's! – kömmt auf uns zu.
375　Hinein mit euch, geschwind! – Was werd ich hören!

DRITTER AUFTRITT

Nathan und der Derwisch.

DERWISCH. Reißt nur die Augen auf, so weit Ihr könnt!
NATHAN. Bist du's? Bist du es nicht? – In dieser Pracht,
　　　Ein Derwisch! . . .

DERWISCH.   Nun? warum denn nicht? Lässt sich
Aus einem Derwisch denn nichts, gar nichts machen?
NATHAN. Ei wohl, genug! – Ich dachte mir nur immer,   380
Der Derwisch – so der rechte Derwisch – woll
Aus sich nichts machen lassen.
DERWISCH.   Beim Propheten!
Dass ich kein rechter bin, mag auch wohl wahr sein.
Zwar wenn man muss –
NATHAN.   Muss! Derwisch! – Derwisch muss?
Kein Mensch muss müssen, und ein Derwisch müsste?   385
Was müsst er denn?
DERWISCH.   Warum man ihn recht bittet,
Und er für gut erkennt: das muss ein Derwisch.
NATHAN. Bei unserm Gott! da sagst du wahr. – Lass dich
Umarmen, Mensch. – Du bist doch noch mein Freund?
DERWISCH. Und fragt nicht erst, was ich geworden bin?   390
NATHAN. Trotz dem, was du geworden!
DERWISCH.   Könnt ich nicht
Ein Kerl im Staat geworden sein, des Freundschaft
Euch ungelegen wäre?
NATHAN.   Wenn dein Herz
Noch Derwisch ist, so wag ich's drauf. Der Kerl
Im Staat ist nur dein Kleid.   395
DERWISCH.   Das auch geehrt
Will sein. – Was meint Ihr? ratet! – Was wär ich
An Eurem Hofe?
NATHAN.   Derwisch; weiter nichts.
Doch nebenher, wahrscheinlich – Koch.
DERWISCH.   Nun ja!
Mein Handwerk bei Euch zu verlernen. – Koch!
Nicht Kellner auch? – Gesteht, dass Saladin   400
Mich besser kennt. – Schatzmeister bin ich bei
Ihm worden.
NATHAN.   Du? – bei ihm?
DERWISCH.   Versteht:
Des kleinen Schatzes, – denn des größern waltet
Sein Vater noch – des Schatzes für sein Haus.
NATHAN. Sein Haus ist groß.   405
DERWISCH.   Und größer, als Ihr glaubt;
Denn jeder Bettler ist von seinem Hause.
NATHAN. Doch ist den Bettlern Saladin so Feind –
DERWISCH. Dass er mit Strumpf und Stiel sie zu vertilgen
Sich vorgesetzt – und sollt er selbst darüber

410   Zum Bettler werden.
NATHAN.   Brav! – So mein ich's eben.
DERWISCH.
     Er ist's auch schon, trotz einem! – Denn sein Schatz
     Ist jeden Tag mit Sonnenuntergang
     Viel leerer noch als leer. Die Flut, so hoch
     Sie morgens eintritt, ist des Mittags längst
415   Verlaufen –
NATHAN.   Weil Kanäle sie zum Teil
     Verschlingen, die zu füllen oder zu
     Verstopfen, gleich unmöglich ist.
DERWISCH.   Getroffen!
NATHAN. Ich kenne das!
DERWISCH.   Es taugt nun freilich nichts,
     Wenn Fürsten Geier unter Äsern sind.
420   Doch sind sie Äser unter Geiern, taugt's
     Noch zehnmal weniger.
NATHAN.   O nicht doch, Derwisch!
     Nicht doch!
DERWISCH. Ihr habt gut reden, Ihr! – Kommt an:
     Was gebt Ihr mir? so tret ich meine Stell
     Euch ab.
NATHAN. Was bringt dir deine Stelle?
DERWISCH.   Mir?
425   Nicht viel. Doch Euch, Euch kann sie trefflich wuchern.
     Denn ist es Ebb im Schatz, – wie öfters ist, –
     So zieht Ihr Eure Schleusen auf: schießt vor,
     Und nehmt an Zinsen, was Euch nur gefällt.
NATHAN. Auch Zins vom Zins der Zinsen?
DERWISCH.   Freilich!
NATHAN.   Bis
430   Mein Kapital zu lauter Zinsen wird.
DERWISCH.
     Das lockt Euch nicht? – So schreibet unsrer Freundschaft
     Nur gleich den Scheidebrief! Denn wahrlich hab
     Ich sehr auf Euch gerechnet.
NATHAN.   Wahrlich? Wie
     Denn so? wieso denn?
DERWISCH.   Dass Ihr mir mein Amt
435   Mit Ehren würdet führen helfen; dass
     Ich allzeit offne Kasse bei Euch hätte. –
     Ihr schüttelt?
NATHAN.   Nun, verstehn wir uns nur recht!

Hier gibt's zu unterscheiden. – Du? warum
Nicht du? Al-Hafi Derwisch ist zu allem,
Was ich vermag, mir stets willkommen. – Aber   440
Al-Hafi Defterdar des Saladin,
Der – dem –
DERWISCH. Erriet ich's nicht? Dass Ihr doch immer
So gut als klug, so klug als weise seid! –
Geduld! Was Ihr am Hafi unterscheidet,
Soll bald geschieden wieder sein. – Seht da   445
Das Ehrenkleid, das Saladin mir gab.
Eh es verschossen ist, eh es zu Lumpen
Geworden, wie sie einen Derwisch kleiden,
Hängt's in Jerusalem am Nagel, und
Ich bin am Ganges, wo ich leicht und barfuß   450
Den heißen Sand mit meinen Lehrern trete.
NATHAN. Dir ähnlich g'nug!
DERWISCH.   Und Schach mit ihnen spiele.
NATHAN. Dein höchstes Gut!
DERWISCH.   Denkt nur, was mich verführte! –
Damit ich selbst nicht länger betteln dürfte?
Den reichen Mann mit Bettlern spielen könnte?   455
Vermögend wär im Hui den reichsten Bettler
In einen armen Reichen zu verwandeln?
NATHAN. Das nun wohl nicht.
DERWISCH.   Weit etwas Abgeschmackters!
Ich fühlte mich zum ersten Mal geschmeichelt;
Durch Saladins gutherz'gen Wahn geschmeichelt –   460
NATHAN. Der war?
DERWISCH.   „Ein Bettler wisse nur, wie Bettlern
Zumute sei; ein Bettler habe nur
Gelernt, mit guter Weise Bettlern geben.
Dein Vorfahr, sprach er, war mir viel zu kalt,
Zu rau. Er gab so unhold, wenn er gab;   465
Erkundigte so ungestüm sich erst
Nach dem Empfänger; nie zufrieden, dass
Er nur den Mangel kenne, wollt' er auch
Des Mangels Ursach wissen, um die Gabe
Nach dieser Ursach filzig abzuwägen.   470
Das wird Al-Hafi nicht! So unmild mild
Wird Saladin im Hafi nicht erscheinen!
Al-Hafi gleicht verstopften Röhren nicht,
Die ihre klar und still empfangnen Wasser
So unrein und so sprudelnd wiedergeben.   475

Al-Hafi denkt; Al-Hafi fühlt wie ich!" –
So lieblich klang des Voglers Pfeife, bis
Der Gimpel in dem Netze war. – Ich Geck!
Ich eines Gecken Geck!
NATHAN.   Gemach, mein Derwisch,
480   Gemach!
DERWISCH. Ei was! – Es wär nicht Geckerei,
      Bei Hunderttausenden die Menschen drücken,
      Ausmergeln, plündern, martern, würgen und
      Ein Menschenfreund an Einzeln scheinen wollen?
      Es wär nicht Geckerei, des Höchsten Milde,
485   Die sonder Auswahl über Bös und Gute
      Und Flur und Wüstenei, in Sonnenschein
      Und Regen sich verbreitet, – nachzuäffen,
      Und nicht des Höchsten immer volle Hand
      Zu haben? Was? es wär nicht Geckerei ...
490 NATHAN. Genug! hör auf!
DERWISCH.   Lasst meiner Geckerei
      Mich doch nur auch erwähnen! – Was? es wäre
      Nicht Geckerei, an solchen Geckereien
      Die gute Seite dennoch auszuspüren,
      Um Anteil, dieser guten Seite wegen,
495   An dieser Geckerei zu nehmen? He?
      Das nicht?
NATHAN. Al-Hafi, mache, dass du bald
      In deine Wüste wieder kömmst. Ich fürchte
      Grad unter Menschen möchtest du ein Mensch
      Zu sein verlernen.
DERWISCH.   Recht, das fürcht ich auch.
500   Lebt wohl!
NATHAN. So hastig? – Warte doch, Al-Hafi.
      Entläuft dir denn die Wüste? – Warte doch! –
      Dass er mich hörte! – He, Al-Hafi! hier! –
      Weg ist er; und ich hätt ihn noch so gern
      Nach unserm Tempelherrn gefragt. Vermutlich,
505   Dass er ihn kennt.

VIERTER AUFTRITT

Daja eilig herbei. Nathan.

DAJA.   O Nathan, Nathan!
NATHAN.   Nun?
Was gibt's?
DAJA.   Er lässt sich wieder sehn! Er lässt
Sich wieder sehn!
NATHAN.   Wer, Daja? wer?
DAJA.   Er! Er!
NATHAN. Er? Er? – Wann lässt sich d e r nicht sehn! – Ja so,
Nur euer Er heißt er. – Das sollt er nicht!
Und wenn er auch ein Engel wäre, nicht!   510
DAJA. Er wandelt untern Palmen wieder auf
Und ab; und bricht von Zeit zu Zeit sich Datteln.
NATHAN. Sie essend? – und als Tempelherr?
DAJA.   Was quält
Ihr mich? – Ihr gierig Aug erriet ihn hinter
Den dicht verschränkten Palmen schon; und folgt   515
Ihm unverrückt. Sie lässt Euch bitten, – Euch
Beschwören, – ungesäumt ihn anzugehn.
O eilt! Sie wird Euch aus dem Fenster winken,
Ob er hinaufgeht oder weiter ab
Sich schlägt. O eilt!   520
NATHAN.   So wie ich vom Kamele
Gestiegen? – Schickt sich das? – Geh, eile du
Ihm zu; und meld ihm meine Wiederkunft.
Gib Acht, der Biedermann hat nur mein Haus
In meinem Absein nicht betreten wollen;
Und kömmt nicht ungern, wenn der Vater selbst   525
Ihn laden lässt. Geh, sag, ich lass ihn bitten,
Ihn herzlich bitten . . .
DAJA.   All umsonst! Er kömmt
Euch nicht. – Denn kurz; er kömmt zu keinem Juden.
NATHAN. So geh, geh wenigstens, ihn anzuhalten;
Ihn wenigstens mit deinen Augen zu   530
Begleiten. – Geh, ich komme gleich dir nach.
          (Nathan eilet hinein, und Daja heraus.)

FÜNFTER AUFTRITT

Szene: ein Platz mit Palmen,
unter welchen der Tempelherr auf und nieder geht.
Ein Klosterbruder folgt ihm in einiger Entfernung von der
Seite, immer als ob er ihn anreden wolle.

TEMPELHERR. Der folgt mir nicht vor langer Weile! – Sieh,
    Wie schielt er nach den Händen! – Guter Bruder, ...
    Ich kann Euch auch wohl Vater nennen; nicht?
535 KLOSTERBRUDER. Nur Bruder – Laienbruder nur; zu dienen.
TEMPELHERR. Ja, guter Bruder, wer nur selbst was hätte!
    Bei Gott! bei Gott! Ich habe nichts –
KLOSTERBRUDER.   Und doch
    Recht warmen Dank! Gott geb Euch tausendfach,
    Was Ihr gern geben wolltet. Denn der Wille
540 Und nicht die Gabe macht den Geber. – Auch
    Ward ich dem Herrn Almosens wegen gar
    Nicht nachgeschickt.
TEMPELHERR.   Doch aber nachgeschickt?
KLOSTERBRUDER. Ja; aus dem Kloster.
TEMPELHERR.   Wo ich eben jetzt
    Ein kleines Pilgermahl zu finden hoffte?
KLOSTERBRUDER.
545 Die Tische waren schon besetzt; komm aber
    Der Herr nur wieder mit zurück.
TEMPELHERR.   Wozu?
    Ich habe Fleisch wohl lange nicht gegessen:
    Allein was tut's? Die Datteln sind ja reif.
KLOSTERBRUDER.
    Nehm sich der Herr in Acht mit dieser Frucht.
550 Zu viel genossen taugt sie nicht; verstopft
    Die Milz; macht melancholisches Geblüt.
TEMPELHERR.
    Wenn ich nun melancholisch gern mich fühlte? –
    Doch dieser Warnung wegen wurdet Ihr
    Mir doch nicht nachgeschickt?
KLOSTERBRUDER.   O nein! – Ich soll
555 Mich nur nach Euch erkunden; auf den Zahn
    Euch fühlen.
TEMPELHERR. Und das sagt Ihr mir so selbst?
KLOSTERBRUDER. Warum nicht?
TEMPELHERR.   (Ein verschmitzter Bruder!) – Hat

Das Kloster Euresgleichen mehr?
KLOSTERBRUDER.   Weiß nicht.
Ich muss gehorchen, lieber Herr.
TEMPELHERR.   Und da
Gehorcht Ihr denn auch ohne viel zu klügeln?   560
KLOSTERBRUDER. Wär's sonst gehorchen, lieber Herr?
TEMPELHERR.   (Dass doch
Die Einfalt immer Recht behält!) – Ihr dürft
Mir doch auch wohl vertrauen, wer mich gern
Genauer kennen möchte? – Dass Ihr's selbst
Nicht seid, will ich wohl schwören.   565
KLOSTERBRUDER.   Ziemte mir's?
Und frommte mir's?
TEMPELHERR.   Wem ziemt und frommt es denn,
Dass er so neubegierig ist? Wem denn?
KLOSTERBRUDER.
Dem Patriarchen; muss ich glauben. – Denn
Der sandte mich Euch nach.
TEMPELHERR.   Der Patriarch?
Kennt der das rote Kreuz auf weißem Mantel   570
Nicht besser?
KLOSTERBRUDER. Kenn ja ich's!
TEMPELHERR.   Nun, Bruder? nun? –
Ich bin ein Tempelherr; und ein gefangner. –
Setz ich hinzu: gefangen bei Tebnin,
Der Burg, die mit des Stillstands letzter Stunde
Wir gern erstiegen hätten, um sodann   575
Auf Sidon loszugehn; – setz ich hinzu:
Selbzwanzigster gefangen und allein
Vom Saladin begnadiget: so weiß
Der Patriarch, was er zu wissen braucht; –
Mehr, als er braucht.   580
KLOSTERBRUDER. Wohl aber schwerlich mehr,
Als er schon weiß. – Er wüsst auch gern, warum
Der Herr vom Saladin begnadigt worden;
Er ganz allein.
TEMPELHERR. Weiß ich das selber? – Schon
Den Hals entblößt, kniet' ich auf meinem Mantel,
Den Streich erwartend: als mich schärfer Saladin   585
Ins Auge fasst, mir näher springt und winkt.
Man hebt mich auf; ich bin entfesselt; will
Ihm danken; seh sein Aug in Tränen: stumm
Ist er, bin ich; er geht, ich bleibe. – Wie

590 Nun das zusammenhängt, enträtsle sich
     Der Patriarche selbst.
     KLOSTERBRUDER. Er schließt daraus,
     Dass Gott zu großen, großen Dingen Euch
     Müss aufbehalten haben.
     TEMPELHERR.   Ja, zu großen!
     Ein Judenmädchen aus dem Feu'r zu retten;
595 Auf Sinai neugier'ge Pilger zu
     Geleiten; und dergleichen mehr.
     KLOSTERBRUDER.   Wird schon
     Noch kommen! – Ist inzwischen auch nicht übel. –
     Vielleicht hat selbst der Patriarch bereits
     Weit wicht'gere Geschäfte für den Herrn.
     TEMPELHERR.
600 So? meint Ihr, Bruder? – Hat er gar Euch schon
     Was merken lassen?
     KLOSTERBRUDER. Ei, jawohl! – Ich soll
     Den Herrn nur erst ergründen, ob er so
     Der Mann wohl ist.
     TEMPELHERR.   Nun ja; ergründet nur!
     (Ich will doch sehn, wie der ergründet!) – Nun?
     KLOSTERBRUDER.
605 Das Kürzste wird wohl sein, dass ich dem Herrn
     Ganz gradezu des Patriarchen Wunsch
     Eröffne.
     TEMPELHERR. Wohl!
     KLOSTERBRUDER. Er hätte durch den Herrn
     Ein Briefchen gern bestellt.
     TEMPELHERR.   Durch mich? Ich bin
     Kein Bote. – Das, das wäre das Geschäft,
610 Das weit glorreicher sei als Judenmädchen
     Dem Feu'r entreißen?
     KLOSTERBRUDER. Muss doch wohl! Denn – sagt
     Der Patriarch – an diesem Briefchen sei
     Der ganzen Christenheit sehr viel gelegen.
     Dies Briefchen wohl bestellt zu haben, – sagt
615 Der Patriarch, – werd einst im Himmel Gott
     Mit einer ganz besondern Krone lohnen.
     Und dieser Krone, – sagt der Patriarch, –
     Sei niemand würd'ger als mein Herr.
     TEMPELHERR.   Als ich?
     KLOSTERBRUDER. Denn diese Krone zu verdienen, – sagt
620 Der Patriarch, – sei schwerlich jemand auch

Geschickter als mein Herr.
TEMPELHERR.   Als ich?
KLOSTERBRUDER.   Er sei
Hier frei; könn überall sich hier besehn;
Versteh, wie eine Stadt zu stürmen und
Zu schirmen; könne, – sagt der Patriarch, –
Die Stärk und Schwäche der von Saladin   625
Neu aufgeführten, innern, zweiten Mauer
Am besten schätzen, sie am deutlichsten
Den Streitern Gottes, – sagt der Patriarch, –
Beschreiben.
TEMPELHERR. Guter Bruder, wenn ich doch
Nun auch des Briefchens nähern Inhalt wüsste.   630
KLOSTERBRUDER.
Ja den, – den weiß ich nun wohl nicht so recht.
Das Briefchen aber ist an König Philipp. –
Der Patriarch . . . Ich hab mich oft gewundert,
Wie doch ein Heiliger, der sonst so ganz
Im Himmel lebt, zugleich so unterrichtet   635
Von Dingen dieser Welt zu sein herab
Sich lassen kann. Es muss ihm sauer werden.
TEMPELHERR. Nun dann? der Patriarch? –
KLOSTERBRUDER.   Weiß ganz genau,
Ganz zuverlässig, wie und wo, wie stark,
Von welcher Seite Saladin, im Fall   640
Es völlig wieder losgeht, seinen Feldzug
Eröffnen wird.
TEMPELHERR. Das weiß er?
KLOSTERBRUDER.   Ja, und möcht
Es gern dem König Philipp wissen lassen:
Damit der ungefähr ermessen könne,
Ob die Gefahr denn gar so schrecklich, um   645
Mit Saladin den Waffenstillestand,
Den Euer Orden schon so brav gebrochen,
Es koste was es wolle, wiederher-
Zustellen.
TEMPELHERR. Welch ein Patriarch! – Ja so!
Der liebe tapfre Mann will mich zu keinem   650
Gemeinen Boten; will mich – zum Spion. –
Sagt Euerm Patriarchen, guter Bruder,
So viel Ihr mich ergründen können, wär
Das meine Sache nicht. – Ich müsse mich
Noch als Gefangenen betrachten; und   655

Der Tempelherren einziger Beruf
Sei mit dem Schwerte dreinzuschlagen, nicht
Kundschafterei zu treiben.
KLOSTERBRUDER.   Dacht' ich's doch! –
Will's auch dem Herrn nicht eben sehr verübeln. –
660 Zwar kömmt das Beste noch. – Der Patriarch
Hiernächst hat ausgegattert, wie die Feste
Sich nennt und wo auf Libanon sie liegt,
In der die ungeheuern Summen stecken,
Mit welchen Saladins vorsicht'ger Vater
665 Das Heer besoldet und die Zurüstungen
Des Kriegs bestreitet. Saladin verfügt
Von Zeit zu Zeit auf abgelegnen Wegen
Nach dieser Feste sich, nur kaum begleitet. –
Ihr merkt doch?
TEMPELHERR. Nimmermehr!
KLOSTERBRUDER.   Was wäre da
670 Wohl leichter, als des Saladins sich zu
Bemächtigen? den Garaus ihm zu machen? –
Ihr schaudert? – Oh, es haben schon ein paar
Gottsfürcht'ge Maroniten sich erboten,
Wenn nur ein wackrer Mann sie führen wolle,
675 Das Stück zu wagen.
TEMPELHERR.   Und der Patriarch
Hätt auch zu diesem wackern Manne mich
Ersehn?
KLOSTERBRUDER. Er glaubt, dass König Philipp wohl
Von Ptolemais aus die Hand hierzu
Am besten bieten könne.
TEMPELHERR.   Mir? mir, Bruder?
680 Mir? Habt Ihr nicht gehört? nur erst gehört,
Was für Verbindlichkeit dem Saladin
Ich habe?
KLOSTERBRUDER. Wohl hab ich's gehört.
TEMPELHERR.   Und doch?
KLOSTERBRUDER.
Ja, – meint der Patriarch, – das wär schon gut:
Gott aber und der Orden . . .
TEMPELHERR.   Ändern nichts!
685 Gebieten mir kein Bubenstück!
KLOSTERBRUDER.   Gewiss nicht! –
Nur, – meint der Patriarch, – sei Bubenstück
Vor Menschen nicht auch Bubenstück vor Gott.

TEMPELHERR. Ich wär dem Saladin mein Leben schuldig:
  Und raubt ihm seines?
KLOSTERBRUDER.   Pfui! – Doch bliebe, – meint
  Der Patriarch, – noch immer Saladin   690
  Ein Feind der Christenheit, der Euer Freund
  Zu sein kein Recht erwerben könne.
TEMPELHERR.   Freund?
  An dem ich bloß nicht will zum Schurken werden;
  Zum undankbaren Schurken?
KLOSTERBRUDER.   Allerdings! –
  Zwar, – meint der Patriarch, – des Dankes sei   695
  Man quitt, vor Gott und Menschen quitt, wenn uns
  Der Dienst um unsertwillen nicht geschehen.
  Und da verlauten wolle, – meint der Patriarch, –
  Dass Euch nur darum Saladin begnadet,
  Weil ihm in Eurer Mien, in Euerm Wesen   700
  So was von seinem Bruder eingeleuchtet …
TEMPELHERR. Auch dieses weiß der Patriarch; und doch? –
  Ah! wäre das gewiss! Ah, Saladin! –
  Wie? die Natur hätt auch nur e i n e n Zug
  Von mir in deines Bruders Form gebildet: 705
  Und dem entspräche nichts in meiner Seele?
  Was dem entspräche, könnt ich unterdrücken,
  Um einem Patriarchen zu gefallen? –
  Natur, so leugst du nicht! So widerspricht
  Sich Gott in seinen Werken nicht! – Geht, Bruder! –   710
  Erregt mir meine Galle nicht! – Geht! geht!
KLOSTERBRUDER. Ich geh und geh vergnügter, als ich kam.
  Verzeihe mir der Herr. Wir Klosterleute
  Sind schuldig, unsern Obern zu gehorchen.

SECHSTER AUFTRITT

*Der Tempelherr und Daja, die den Tempelherrn schon
eine Zeit lang von weitem beobachtet hatte und sich nun
ihm nähert.*

DAJA. Der Klosterbruder, wie mich dünkt, ließ in   715
  Der besten Laun ihn nicht. – Doch muss ich mein
  Paket nur wagen.
TEMPELHERR.   Nun, vortrefflich! – Lügt
  Das Sprichwort wohl: dass Mönch und Weib, und Weib

Und Mönch des Teufels beide Krallen sind?
720   Er wirft mich heut aus einer in die andre.
DAJA. Was seh ich? – Edler Ritter, Euch? – Gott Dank!
Gott tausend Dank! – Wo habt Ihr denn
Die ganze Zeit gesteckt? – Ihr seid doch wohl
Nicht krank gewesen?
TEMPELHERR.   Nein.
DAJA.   Gesund doch?
TEMPELHERR.   Ja.
725   DAJA. Wir waren Euertwegen wahrlich ganz
Bekümmert.
TEMPELHERR. So?
DAJA.   Ihr wart gewiss verreist?
TEMPELHERR. Erraten!
DAJA.   Und kamt heut erst wieder?
TEMPELHERR.   Gestern.
DAJA. Auch Rechas Vater ist heut angekommen.
Und nun darf Recha doch wohl hoffen?
TEMPELHERR.   Was?
730   DAJA. Warum sie Euch so öfters bitten lassen.
Ihr Vater ladet Euch nun selber bald
Aufs Dringlichste. Er kömmt von Babylon
Mit zwanzig hoch beladenen Kamelen
Und allem, was an edeln Spezereien,
735   An Steinen und an Stoffen Indien
Und Persien und Syrien, gar Sina
Kostbares nur gewähren.
TEMPELHERR.   Kaufe nichts.
DAJA. Sein Volk verehret ihn als einen Fürsten.
Doch dass es ihn den Weisen Nathan nennt
740   Und nicht vielmehr den Reichen, hat mich oft
Gewundert.
TEMPELHERR. Seinem Volk ist reich und weise
Vielleicht das Nämliche.
DAJA.   Vor allen aber
Hätt's ihn den Guten nennen müssen. Denn
Ihr stellt Euch gar nicht vor, wie gut er ist.
745   Als er erfuhr, wie viel Euch Recha schuldig:
Was hätt in diesem Augenblicke nicht
Er alles Euch getan, gegeben!
TEMPELHERR.   Ei!
DAJA. Versucht's und kommt und seht!
TEMPELHERR.   Was denn? wie schnell

Ein Augenblick vorüber ist?
DAJA.   Hätt ich,
Wenn er so gut nicht wär, es mir so lange   750
Bei ihm gefallen lassen? Meint Ihr etwa,
Ich fühle meinen Wert als Christin nicht?
Auch mir ward's vor der Wiege nicht gesungen,
Dass ich nur darum meinem Ehgemahl
Nach Palästina folgen würd, um da   755
Ein Judenmädchen zu erziehn. Es war
Mein lieber Ehgemahl ein edler Knecht
In Kaiser Friedrichs Heere –
TEMPELHERR.   Von Geburt
Ein Schweizer, dem die Ehr und Gnade ward,
Mit Seiner Kaiserlichen Majestät   760
In einem Flusse zu ersaufen. – Weib!
Wievielmal habt Ihr mir das schon erzählt?
Hört Ihr denn gar nicht auf mich zu verfolgen?
DAJA. Verfolgen! lieber Gott!
TEMPELHERR.   Ja, ja, verfolgen.
Ich will nun einmal Euch nicht weiter sehn!   765
Nicht hören! Will von Euch an eine Tat
Nicht fort und fort erinnert sein, bei der
Ich nichts gedacht; die, wenn ich drüber denke,
Zum Rätsel von mir selbst mir wird. Zwar möcht
Ich sie nicht gern bereuen. Aber seht;   770
Ereignet so ein Fall sich wieder: Ihr
Seid schuld, wenn ich so rasch nicht handle; wenn
Ich mich vorher erkund – und brennen lasse,
Was brennt.
DAJA.   Bewahre Gott!
TEMPELHERR.   Von heut an tut
Mir den Gefallen wenigstens und kennt   775
Mich weiter nicht. Ich bitt Euch drum. Auch lasst
Den Vater mir vom Halse. Jud ist Jude.
Ich bin ein plumper Schwab. Des Mädchens Bild
Ist längst aus meiner Seele; wenn es je
Da war.   780
DAJA.   Doch Eures ist aus ihrer nicht.
TEMPELHERR.
Was soll's nun aber da? was soll's?
DAJA.   Wer weiß!
Die Menschen sind nicht immer, was sie scheinen.
TEMPELHERR. Doch selten etwas Bessers. *(Er geht.)*

DAJA.   Wartet doch!
   Was eilt Ihr?
TEMPELHERR. Weib, macht mir die Palmen nicht
785   Verhasst, worunter ich so gern sonst wandle.
DAJA. So geh, du deutscher Bär! so geh! – Und doch
   Muss ich die Spur des Tieres nicht verlieren.
            (Sie geht ihm von weiten nach.)

ZWEITER AUFZUG

ERSTER AUFTRITT

Die Szene: des Sultans Palast.

Saladin und Sittah spielen Schach.

SITTAH. Wo bist du, Saladin? Wie spielst du heut?
SALADIN. Nicht gut? Ich dächte doch.
SITTAH.   Für mich; und kaum.
Nimm diesen Zug zurück.   790
SALADIN.   Warum?
SITTAH.   Der Springer
Wird unbedeckt.
SALADIN.   Ist wahr. Nun so!
SITTAH.   So zieh
Ich in die Gabel.
SALADIN.   Wieder wahr. – Schach dann!
SITTAH. Was hilft dir das? Ich setze vor: und du
Bist, wie du warst.
SALADIN.   Aus dieser Klemme seh
Ich wohl, ist ohne Buße nicht zu kommen.   795
Mag's! nimm den Springer nur.
SITTAH.   Ich will ihn nicht.
Ich geh vorbei.
SALADIN.   Du schenkst mir nichts. Dir liegt
An diesem Plane mehr als an dem Springer.
SITTAH. Kann sein.
SALADIN.   Mach deine Rechnung nur nicht ohne
Den Wirt. Denn sieh! Was gilt's, das warst du nicht   800
Vermuten?
SITTAH.   Freilich nicht. Wie konnt' ich auch
Vermuten, dass du deiner Königin
So müde wärst?
SALADIN.   Ich meiner Königin?
SITTAH. Ich seh nun schon: ich soll heut meine tausend
Dinar', kein Naserinchen mehr gewinnen.   805
SALADIN. Wieso?
SITTAH.   Frag noch! – Weil du mit Fleiß, mit aller
Gewalt verlieren willst. – Doch dabei find
Ich meine Rechnung nicht. Denn außer dass
Ein solches Spiel das unterhaltendste

810 Nicht ist: gewann ich immer nicht am meisten
Mit dir, wenn ich verlor? Wenn hast du mir
Den Satz, mich des verlornen Spieles wegen
Zu trösten, doppelt nicht hernach geschenkt?
SALADIN. Ei sieh! so hättest du ja wohl, wenn du
815 Verlorst, mit Fleiß verloren, Schwesterchen?
SITTAH. Zum wenigsten kann gar wohl sein, dass deine
Freigebigkeit, mein liebes Brüderchen,
Schuld ist, dass ich nicht besser spielen lernen.
SALADIN. Wir kommen ab vom Spiele. Mach ein Ende!
820 SITTAH. So bleibt es? Nun dann: Schach! und doppelt Schach!
SALADIN. Nun freilich; dieses Abschach hab ich nicht
Gesehn, das meine Königin zugleich
Mit niederwirft.
SITTAH.   War dem noch abzuhelfen?
Lass sehn.
SALADIN. Nein, nein; nimm nur die Königin.
825 Ich war mit diesem Steine nie recht glücklich.
SITTAH. Bloß mit dem Steine?
SALADIN.   Fort damit! – Das tut
Mir nichts. Denn so ist alles wiederum
Geschützt.
SITTAH.   Wie höflich man mit Königinnen
Verfahren müsse: hat mein Bruder mich
830 Zu wohl gelehrt. *(Sie lässt sie stehen.)*
SALADIN.   Nimm oder nimm sie nicht!
Ich habe keine mehr.
SITTAH.   Wozu sie nehmen?
Schach! – Schach!
SALADIN.   Nur weiter.
SITTAH.   Schach! – und Schach! – und Schach! –
SALADIN. Und matt!
SITTAH.   Nicht ganz; du ziehst den Springer noch
Dazwischen; oder was du machen willst.
835 Gleichviel!
SALADIN. Ganz recht! – Du hast gewonnen: und
Al-Hafi zahlt. – Man lass ihn rufen! gleich! –
du hattest, Sittah, nicht so Unrecht; ich
War nicht so ganz beim Spiele; war zerstreut.
Und dann: wer gibt uns denn die glatten Steine
840 Beständig? die an nichts erinnern, nichts
Bezeichnen. Hab ich mit dem Iman denn
Gespielt? – Doch was? Verlust will Vorwand. Nicht

Die ungeformten Steine, Sittah, sind's,
Die mich verlieren machten: deine Kunst,
Dein ruhiger und schneller Blick ...   845
SITTAH.   Auch so
Willst du den Stachel des Verlusts nur stumpfen.
Genug, du warst zerstreut; und mehr als ich.
SALADIN. Als du? Was hätte d i c h zerstreuet?
SITTAH.   Deine
Zerstreuung freilich nicht! – O Saladin,
Wenn werden wir so fleißig wieder spielen.   850
SALADIN. So spielen wir umso viel gieriger! –
Ah! weil es wieder losgeht, meinst du? – Mag's! –
Nur zu! – Ich habe nicht zuerst gezogen;
Ich hätte gern den Stillestand aufs Neue
Verlängert; hätte meiner Sittah gern,   855
Gern einen guten Mann zugleich verschafft.
Und das muss Richards Bruder sein: er ist
Ja Richards Bruder.
SITTAH.   Wenn du deinen Richard
Nur loben kannst!
SALADIN.   Wenn unserm Bruder Melek
Dann Richards Schwester wär zu Teile worden: 860
Ha! welch ein Haus zusammen! Ha, der ersten,
Der besten Häuser in der Welt das beste! –
Du hörst, ich bin, mich selbst zu loben, auch
Nicht faul. Ich dünk mich meiner Freunde wert. –
Das hätte Menschen geben sollen! das!   865
SITTAH. Hab ich des schönen Traums nicht gleich gelacht?
Du kennst die Christen nicht, willst sie nicht kennen.
Ihr Stolz ist: Christen sein; nicht Menschen. Denn
Selbst das, was noch von ihrem Stifter her
Mit Menschlichkeit den Aberglauben würzt,   870
Das lieben sie, nicht weil es menschlich ist:
Weil's Christus lehrt; weil's Christus hat getan. –
Wohl ihnen, dass er so ein guter Mensch
Noch war! Wohl ihnen, dass sie seine Tugend
Auf Treu und Glaube nehmen können! – Doch   875
Was Tugend? – Seine Tugend nicht; sein Name
Soll überall verbreitet werden; soll
Die Namen aller guten Menschen schänden,
Verschlingen. Um den Namen, um den Namen
Ist ihnen nur zu tun.   880
SALADIN.   Du meinst: warum

Sie sonst verlangen würden, dass auch ihr,
Auch du und Melek, Christen hießet, eh
Als Ehgemahl ihr Christen lieben wolltet?
SITTAH. Jawohl! Als wär von Christen nur als Christen
885   Die Liebe zu gewärtigen, womit
Der Schöpfer Mann und Männin ausgestattet!
SALADIN. Die Christen glauben mehr Armseligkeiten,
Als dass sie die nicht auch noch glauben könnten! –
Und gleichwohl irrst du dich. – Die Tempelherren,
890   Die Christen nicht, sind schuld: sind nicht als Christen,
Als Tempelherren schuld. Durch die allein
Wird aus der Sache nichts. Sie wollen Akka,
Das Richards Schwester unserm Bruder Melek
Zum Brautschatz bringen müsste, schlechterdings
895   Nicht fahren lassen. Dass des Ritters Vorteil
Gefahr nicht laufe, spielen sie den Mönch,
Den albern Mönch. Und ob vielleicht im Fluge
Ein guter Streich gelänge: haben sie
Des Waffenstillestandes Ablauf kaum
900   Erwarten können. – Lustig! Nur so weiter!
Ihr Herren, nur so weiter! – Mir schon recht! –
Wär alles sonst nur, wie es müsste.
SITTAH.   Nun?
Was irrte dich denn sonst? Was könnte sonst
Dich aus der Fassung bringen?
SALADIN.   Was von je
905   Mich immer aus der Fassung hat gebracht. –
Ich war auf Libanon, bei unserm Vater.
Er unterliegt den Sorgen noch ...
SITTAH.   O weh!
SALADIN. Er kann nicht durch; es klemmt sich allerorten:
Es fehlt bald da, bald dort –
SITTAH.   Was klemmt? was fehlt?
910   SALADIN. Was sonst, als was ich kaum zu nennen würd'ge?
Was, wenn ich's habe, mir so überflüssig,
Und hab ich's nicht, so unentbehrlich scheint. –
Wo bleibt Al-Hafi denn? Ist niemand nach
Ihm aus? – Das leidige, verwünschte Geld! –
915   Gut, Hafi, dass du kömmst.

ZWEITER AUFTRITT

Der Derwisch Al-Hafi. Saladin. Sittah.

AL-HAFI.   Die Gelder aus
  Ägypten sind vermutlich angelangt.
  Wenn's nur fein viel ist.
SALADIN.   Hast du Nachricht?
AL-HAFI.   Ich?
  Ich nicht. Ich denke, dass ich hier sie in
  Empfang soll nehmen.
SALADIN.   Zahl an Sittah tausend
  Dinare! *(In Gedanken hin und her gehend.)*   920
AL-HAFI. Zahl! anstatt empfang! O schön! –
  Das ist für Was noch weniger als Nichts. –
  An Sittah? – wiederum an Sittah? Und
  Verloren? – wiederum im Schach verloren? –
  Da steht es noch, das Spiel!
SITTAH.   Du gönnst mir doch
  Mein Glück?   925
AL-HAFI *(das Spiel betrachtend)*.
                Was gönnen? Wenn – Ihr wisst ja wohl.
SITTAH *(ihm winkend)*. Bst! Hafi! bst!
AL-HAFI *(noch auf das Spiel gerichtet)*.
                        Gönnt's Euch nur selber erst!
SITTAH. Al-Hafi! bst!
AL-HAFI *(zu Sittah)*. Die Weißen waren Euer?
  Ihr bietet Schach?
SITTAH.   Gut, dass er nichts gehört.
AL-HAFI. Nun ist der Zug an ihm?
SITTAH *(ihm näher tretend)*.   So sage doch,
  Dass ich mein Geld bekommen kann.   930
AL-HAFI *(noch auf das Spiel geheftet)*. Nun ja;
  Ihr sollt's bekommen, wie Ihr's stets bekommen.
SITTAH. Wie? bist du toll?
AL-HAFI.   Das Spiel ist ja nicht aus.
  Ihr habt ja nicht verloren, Saladin.
SALADIN *(kaum hinhörend)*. Doch! doch! Bezahl! bezahl!
AL-HAFI.   Bezahl! bezahl!
  Da steht ja Eure Königin.   935
SALADIN *(noch so)*.   Gilt nicht;
  Gehört nicht mehr ins Spiel.
SITTAH.   So mach und sag,

Dass ich das Geld mir nur kann holen lassen.
AL-HAFI *(noch immer in das Spiel vertieft).*
Versteht sich, so wie immer. – Wenn auch schon;
Wenn auch die Königin nichts gilt: Ihr seid
940 Doch darum noch nicht matt.
SALADIN *(tritt hinzu und wirft das Spiel um).* Ich bin es; will
Es sein.
AL-HAFI. Ja so! – Spiel wie Gewinst! So wie
Gewonnen, so bezahlt.
SALADIN *(zu Sittah).* Was sagt er? was?
SITTAH *(von Zeit zu Zeit dem Hafi winkend).*
Du kennst ihn ja. Er sträubt sich gern; lässt gern
Sich bitten; ist wohl gar ein wenig neidisch –
945 SALADIN. Auf dich doch nicht? Auf meine Schwester nicht? –
Was hör ich, Hafi? Neidisch? du?
AL-HAFI.   Kann sein!
Kann sein! – Ich hätt ihr Hirn wohl lieber selbst;
Wär lieber selbst so gut als sie.
SITTAH.   Indes
Hat er doch immer richtig noch bezahlt.
950 Und wird auch heut bezahlen. Lass ihn nur! –
Geh nur, Al-Hafi, geh! Ich will das Geld
Schon holen lassen.
AL-HAFI.   Nein; ich spiele länger
Die Mummerei nicht mit. Er muss es doch
Einmal erfahren.
SALADIN.   Wer? und was?
SITTAH.   Al-Hafi!
955 Ist dieses dein Versprechen? Hältst du so
Mir Wort?
AL-HAFI. Wie konnt' ich glauben, dass es so
Weit gehen würde.
SALADIN.   Nun? erfahr ich nichts?
SITTAH. Ich bitte dich, Al-Hafi; sei bescheiden.
SALADIN. Das ist doch sonderbar! Was könnte Sittah
960 So feierlich, so warm bei einem Fremden,
Bei einem Derwisch lieber als bei mir,
Bei ihrem Bruder, sich verbitten wollen.
Al-Hafi, nun befehl ich. – Rede, Derwisch!
SITTAH. Lass eine Kleinigkeit, mein Bruder, dir
965 Nicht näher treten, als sie würdig ist.
Du weißt, ich habe zu verschiednen Malen
Dieselbe Summ im Schach von dir gewonnen.

Und weil ich itzt das Geld nicht nötig habe;
Weil itzt in Hafis Kasse doch das Geld
Nicht eben allzu häufig ist: so sind   970
Die Posten stehn geblieben. Aber sorgt
Nur nicht! Ich will sie weder dir, mein Bruder,
Noch Hafi, noch der Kasse schenken.
AL-HAFI.   Ja,
  Wenn's das nur wäre! das!
SITTAH.   Und mehr dergleichen. –
  Auch das ist in der Kasse stehn geblieben,   975
  Was du mir einmal ausgeworfen; ist
  Seit wenig Monden stehn geblieben.
AL-HAFI.   Noch
  Nicht alles.
SALADIN. Noch nicht? – Wirst du reden?
AL-HAFI. Seit aus Ägypten wir das Geld erwarten,
  Hat sie . . .   980
SITTAH (zu Saladin). Wozu ihn hören?
AL-HAFI.   Nicht nur nichts
  Bekommen . . .
SALADIN.   Gutes Mädchen! – Auch beiher
  Mit vorgeschossen. Nicht?
AL-HAFI.   Den ganzen Hof
  Erhalten; Euern Aufwand ganz allein
  Bestritten.
SALADIN. Ha! das, das ist meine Schwester! (Sie umarmend.)
SITTAH. Wer hatte, dies zu können, mich so reich   985
  Gemacht, als du, mein Bruder?
AL-HAFI.   Wird schon auch
  So bettelarm sie wieder machen, als
  Er selber ist.
SALADIN.   Ich arm? der Bruder arm?
  Wenn hab ich mehr? wenn weniger gehabt? –
  Ein Kleid, ein Schwert, ein Pferd – und einen Gott!   990
  Was brauch ich mehr? Wenn kann's an dem mir fehlen?
  Und doch, Al-Hafi, könnt ich mit dir schelten.
SITTAH. Schilt nicht, mein Bruder. Wenn ich unserm Vater
  Auch seine Sorgen so erleichtern könnte!
SALADIN. Ah! Ah! Nun schlägst du meine Freudigkeit   995
  Auf einmal wieder nieder! – Mir, für mich
  Fehlt nichts, und kann nichts fehlen. Aber ihm,
  Ihm fehlet; und in ihm uns allen. – Sagt,
  Was soll ich machen? – Aus Ägypten kommt

1000 Vielleicht noch lange nichts. Woran das liegt,
Weiß Gott. Es ist doch da noch alles ruhig. –
Abbrechen, einziehn, sparen, will ich gern,
Mir gern gefallen lassen; wenn es mich,
Bloß mich betrifft; bloß mich, und niemand sonst
1005 Darunter leidet. – Doch was kann das machen?
Ein Pferd, ein Kleid, ein Schwert muss ich doch haben,
Und meinem Gott ist auch nichts abzudingen.
Ihm g'nügt schon so mit wenigem genug;
Mit meinem Herzen. – Auf den Überschuss
1010 Von deiner Kasse, Hafi, hatt' ich sehr
Gerechnet.

AL-HAFI.   Überschuss? – Sagt selber, ob
Ihr mich nicht hättet spießen, wenigstens
Mich drosseln lassen, wenn auf Überschuss
Ich von Euch wär ergriffen worden. Ja,
1015 Auf Unterschleif! das war zu wagen.

SALADIN.   Nun,
Was machen wir denn aber? – Konntest du
Vorerst bei niemand andern borgen als
Bei Sittah?

SITTAH.   Würd ich dieses Vorrecht, Bruder,
Mir haben nehmen lassen? Mir von ihm?
1020 Auch noch besteh ich drauf. Noch bin ich auf
Dem Trocknen völlig nicht.

SALADIN.   Nur völlig nicht!
Das fehlte noch! – Geh gleich, mach Anstalt, Hafi!
Nimm auf, bei wem du kannst! und wie du kannst!
Geh, borg, versprich. – Nur, Hafi, borge nicht
1025 Bei denen, die ich reich gemacht. Denn borgen
Von diesen möchte wiederfordern heißen.
Geh zu den Geizigsten; die werden mir
Am liebsten leihen. Denn sie wissen wohl,
Wie gut ihr Geld in meinen Händen wuchert.
1030 AL-HAFI. Ich kenne deren keine.

SITTAH.   Eben fällt
Mir ein, gehört zu haben, Hafi, dass
Dein Freund zurückgekommen.

AL-HAFI *(betroffen).*   Freund? mein Freund?
Wer wär denn das?

SITTAH.   Dein hochgepriesner Jude.

AL-HAFI. Gepriesner Jude? hoch von mir?

SITTAH.   Dem Gott, –

Mich denkt des Ausdrucks noch recht wohl, des einst   1035
du selber dich von ihm bedientest, – dem
Sein Gott von allen Gütern dieser Welt
Das Kleinst und Größte so in vollem Maß
Erteilet habe. –
AL-HAFI.   Sagt' ich so? – Was meint'
Ich denn damit?   1040
SITTAH.   Das Kleinste: Reichtum. Und
Das Größte: Weisheit.
AL-HAFI.   Wie? von einem Juden?
Von einem Juden hätt ich das gesagt?
SITTAH. Das hättest du von deinem Nathan nicht
Gesagt?
AL-HAFI. Ja so! von dem! vom Nathan! – Fiel
Mir der doch gar nicht bei. – Wahrhaftig? Der   1045
Ist endlich wieder heimgekommen? Ei!
So mag's doch gar so schlecht mit ihm nicht stehn. –
Ganz recht: den nannt' einmal das Volk den Weisen!
Den Reichen auch.
SITTAH.   Den Reichen nennt es ihn
Itzt mehr als je. Die ganze Stadt erschallt,   1050
Was für Kostbarkeiten, was für Schätze
Er mitgebracht.
AL-HAFI.   Nun, ist's der Reiche wieder:
So wird's auch wohl der Weise wieder sein.
SITTAH. Was meinst du, Hafi, wenn du diesen angingst?
AL-HAFI. Und was bei ihm? – Doch wohl nicht borgen? – Ja,   1055
Da kennt Ihr ihn. – Er borgen! – Seine Weisheit
Ist eben, dass er niemand borgt.
SITTAH.   Du hast
Mir sonst doch ganz ein ander Bild von ihm
Gemacht.
AL-HAFI. Zur Not wird er Euch Waren borgen.
Geld aber, Geld? Geld nimmermehr. – Es ist   1060
Ein Jude freilich übrigens, wie's nicht
Viel Juden gibt. Er hat Verstand; er weiß
Zu leben; spielt gut Schach. Doch zeichnet er
Im Schlechten sich nicht minder als im Guten
Von allen andern Juden aus. – Auf den,   1065
Auf den nur rechnet nicht. – Den Armen gibt
Er zwar; und gibt vielleicht trotz Saladin.
Wenn schon nicht ganz so viel; doch ganz so gern;
Doch ganz so sonder Ansehn. Jud und Christ

1070   Und Muselmann und Parsi, alles ist
       Ihm eins.
       SITTAH. Und so ein Mann . . .
       SALADIN.   Wie kommt es denn,
       Dass ich von diesem Manne nie gehört? . . .
       SITTAH. Der sollte Saladin nicht borgen? nicht
       Dem Saladin, der nur für andre braucht,
1075   Nicht sich?
       AL-HAFI.   Da seht nun gleich den Juden wieder;
       Den ganz gemeinen Juden! – Glaubt mir's doch! –
       Er ist aufs Geben Euch so eifersüchtig,
       So neidisch! Jedes Lohn von Gott, das in
       Der Welt gesagt wird, zög er lieber ganz
1080   Allein. Nur darum eben leiht er keinem,
       Damit er stets zu geben habe. Weil
       Die Mild ihm im Gesetz geboten; die
       Gefälligkeit ihm aber nicht geboten: macht
       Die Mild ihn zu dem ungefälligsten
1085   Gesellen auf der Welt. Zwar bin ich seit
       Geraumer Zeit ein wenig übern Fuß
       Mit ihm gespannt; doch denkt nur nicht, dass ich
       Ihm darum nicht Gerechtigkeit erzeige.
       Er ist zu allem gut: bloß dazu nicht;
1090   Bloß dazu wahrlich nicht. Ich will auch gleich
    · Nur gehn, an andre Türen klopfen . . . Da
       Besinn ich mich soeben eines Mohren,
       Der reich und geizig ist. – Ich geh; ich geh.
       SITTAH. Was eilst du, Hafi?
       SALADIN.   Lass ihn! lass ihn!

DRITTER AUFTRITT

Sittah. Saladin.

       SITTAH.   Eilt
1095   Er doch, als ob er mir nur gern entkäme!
       Was heißt das? – Hat er wirklich sich in ihm
       Betrogen, oder – möcht er uns nur gern
       Betrügen?
       SALADIN. Wie? das fragst du mich? Ich weiß
       Ja kaum, von wem die Rede war; und höre
1100   Von euerm Juden, euerm Nathan, heut

Zum ersten Mal.

SITTAH.　　　　Ist's möglich? dass ein Mann
　Dir so verborgen blieb, von dem es heißt,
　Er habe Salomons und Davids Gräber
　Erforscht und wisse deren Siegel durch
　Ein mächtiges geheimes Wort zu lösen?　　　　1105
　Aus ihnen bring er dann von Zeit zu Zeit
　Die unermesslichen Reichtümer an
　Den Tag, die keinen mindern Quell verrieten.

SALADIN. Hat seinen Reichtum dieser Mann aus Gräbern,
　So waren's sicherlich nicht Salomons,　　　　1110
　Nicht Davids Gräber. Narren lagen da
　Begraben!

SITTAH.　　Oder Bösewichter! – Auch
　Ist seines Reichtums Quelle weit ergiebiger,
　Weit unerschöpflicher als so ein Grab
　Voll Mammon.　　　　1115

SALADIN.　　　Denn er handelt; wie ich hörte.

SITTAH. Sein Saumtier treibt auf allen Straßen, zieht
　Durch alle Wüsten; seine Schiffe liegen
　In allen Häfen. Das hat mir wohl eh
　Al-Hafi selbst gesagt und voll Entzücken
　Hinzugefügt, wie groß, wie edel dieser　　　　1120
　Sein Freund anwende, was so klug und emsig
　Er zu erwerben für zu klein nicht achte:
　Hinzugefügt, wie frei von Vorurteilen
　Sein Geist; sein Herz wie offen jeder Tugend,
　Wie eingestimmt mit jeder Schönheit sei.　　　　1125

SALADIN. Und itzt sprach Hafi doch so ungewiss,
　So kalt von ihm.

SITTAH.　　　Kalt nun wohl nicht; verlegen.
　Als halt er's für gefährlich, ihn zu loben,
　Und woll ihn unverdient doch auch nicht tadeln. –
　Wie? oder wär es wirklich so, dass selbst　　　　1130
　Der Beste seines Volkes seinem Volke
　Nicht ganz entfliehen kann? dass wirklich sich
　Al-Hafi seines Freunds von dieser Seite
　Zu schämen hätte? – Sei dem, wie ihm wolle! –
　Der Jude sei mehr oder weniger　　　　1135
　Als Jud, ist er nur reich: genug für uns!

SALADIN. Du willst ihm aber doch das Seine mit
　Gewalt nicht nehmen, Schwester?

SITTAH.　　　　　　　Ja, was heißt

Bei dir Gewalt? Mit Feu'r und Schwert? Nein, nein,
1140 Was braucht es mit den Schwachen für Gewalt
Als ihre Schwäche? – Komm vor itzt nur mit
In meinen Haram, eine Sängerin
Zu hören, die ich gestern erst gekauft.
Es reift indes bei mir vielleicht ein Anschlag,
1145 Den ich auf diesen Nathan habe. – Komm!

VIERTER AUFTRITT

Szene: vor dem Hause des Nathan, wo es an die Palmen stößt.

Recha und Nathan kommen heraus. Zu ihnen Daja.

RECHA. Ihr habt Euch sehr verweilt, mein Vater. Er
Wird kaum noch mehr zu treffen sein.
NATHAN.   Nun, nun;
Wenn hier, hier untern Palmen schon nicht mehr:
Doch anderwärts. – Sei itzt nur ruhig. – Sieh!
1150 Kömmt dort nicht Daja auf uns zu?
RECHA.   Sie wird
Ihn ganz gewiss verloren haben.
NATHAN.   Auch
Wohl nicht.
RECHA.   Sie würde sonst geschwinder kommen
NATHAN. Sie hat uns wohl noch nicht gesehn …
RECHA.   Nun sieht
Sie uns.
NATHAN. Und doppelt ihre Schritte. Sieh! –
1155 Sei doch nur ruhig! ruhig!
RECHA.   Wolltet Ihr
Wohl eine Tochter, die hier ruhig wäre?
Sich unbekümmert ließe, wessen Wohltat
Ihr Leben sei? Ihr Leben, – das ihr nur
So lieb, weil sie es Euch zuerst verdanket.
1160 NATHAN. Ich möchte dich nicht anders, als du bist:
Auch wenn ich wüsste, dass in deiner Seele
Ganz etwas anders noch sich rege.
RECHA.   Was,
Mein Vater?
NATHAN.   Fragst du mich? so schüchtern mich?
Was auch in deinem Innern vorgeht, ist

Natur und Unschuld. Lass es keine Sorge   1165
Dir machen. Mir, mir macht es keine. Nur
Versprich mir: wenn dein Herz vernehmlicher
Sich einst erklärt, mir seiner Wünsche keinen
Zu bergen.
RECHA.   Schon die Möglichkeit, mein Herz
Euch lieber zu verhüllen, macht mich zittern.   1170
NATHAN. Nichts mehr hiervon! Das ein für alle Mal
Ist abgetan. – Da ist ja Daja. – Nun?
DAJA. Noch wandelt er hier untern Palmen; und
Wird gleich um jene Mauer kommen. – Seht,
Da kömmt er!   1175
RECHA.   Ah! und scheinet unentschlossen,
Wohin? ob weiter? ob hinab? ob rechts?
Ob links?
DAJA.   Nein, nein; er macht den Weg ums Kloster
Gewiss noch öfter; und dann muss er hier
Vorbei. – Was gilt's?
RECHA.   Recht! recht! – Hast du ihn schon
Gesprochen? Und wie ist er heut?   1180
DAJA.   Wie immer.
NATHAN. So macht nur, dass er euch hier nicht gewahr
Wird. Tretet mehr zurück. Geht lieber ganz
Hinein.
RECHA. Nur einen Blick noch! – Ah! die Hecke,
Die mir ihn stiehlt.
DAJA.   Kommt! kommt! Der Vater hat
Ganz Recht. Ihr lauft Gefahr, wenn er Euch sieht,   1185
Dass auf der Stell er umkehrt.
RECHA.   Ah! die Hecke!
NATHAN. Und kömmt er plötzlich dort aus ihr hervor:
So kann er anders nicht, er muss euch sehen.
Drum geht doch nur!
DAJA.   Kommt! kommt! Ich weiß ein Fenster,
Aus dem wir sie bemerken können.   1190
RECHA.   Ja?
          (Beide hinein.)

FÜNFTER AUFTRITT

Nathan und bald darauf der Tempelherr.

NATHAN. Fast scheu ich mich des Sonderlings. Fast macht
    Mich seine raue Tugend stutzen. Dass
    Ein Mensch doch einen Menschen so verlegen
    Soll machen können! – Ha! er kömmt. – Bei Gott!
1195   Ein Jüngling wie ein Mann. Ich mag ihn wohl,
    Den guten, trotz'gen Blick! den prallen Gang!
    Die Schale kann nur bitter sein: der Kern
    Ist's sicher nicht. – Wo sah ich doch dergleichen? –
    Verzeihet, edler Franke ...
TEMPELHERR.   Was?
NATHAN.   Erlaubt ...
1200 TEMPELHERR. Was, Jude? was?
NATHAN.   Dass ich mich untersteh,
    Euch anzureden.
TEMPELHERR. Kann ich's wehren? Doch
    Nur kurz.
NATHAN. Verzieht, und eilet nicht so stolz,
    Nicht so verächtlich einem Mann vorüber,
    Den Ihr auf ewig Euch verbunden habt.
1205 TEMPELHERR. Wie das? – Ah, fast errat ich's. Nicht? Ihr seid ...
NATHAN. Ich heiße Nathan; bin des Mädchens Vater,
    Das Eure Großmut aus dem Feu'r gerettet;
    Und komme ...
TEMPELHERR. Wenn zu danken: – spart's! Ich hab
    Um diese Kleinigkeit des Dankes schon
1210   Zu viel erdulden müssen. – Vollends Ihr,
    Ihr seid mir gar nichts schuldig. Wusst' ich denn,
    Dass dieses Mädchen Eure Tochter war?
    Es ist der Tempelherren Pflicht, dem Ersten,
    Dem Besten beizuspringen, dessen Not
1215   Sie sehn. Mein Leben war mir ohnedem
    In diesem Augenblicke lästig. Gern,
    Sehr gern ergriff ich die Gelegenheit,
    Es für ein andres Leben in die Schanze
    Zu schlagen: für ein andres – wenn's auch nur
1220   Das Leben einer Jüdin wäre.
NATHAN.   Groß!
    Groß und abscheulich! – Doch die Wendung lässt
    Sich denken. Die bescheidne Größe flüchtet

Sich hinter das Abscheuliche, um der
Bewundrung auszuweichen. – Aber wenn
Sie so das Opfer der Bewunderung   1225
Verschmäht: was für ein Opfer denn verschmäht
Sie minder? – Ritter, wenn Ihr hier nicht fremd
Und nicht gefangen wäret, würd ich Euch
So dreist nicht fragen. Sagt, befehlt: womit
Kann man Euch dienen?   1230

TEMPELHERR.   Ihr? Mit nichts.

NATHAN.   Ich bin
Ein reicher Mann.

TEMPELHERR.   Der reiche Jude war
Mir nie der bessre Jude.

NATHAN.   Dürft Ihr denn
Darum nicht nützen, was dem ungeachtet
Er Bess'res hat? nicht seinen Reichtum nützen?

TEMPELHERR. Nun gut, das will ich auch nicht ganz verreden,   1235
Um meines Mantels willen nicht. Sobald
Der ganz und gar verschlissen; weder Stich
Noch Fetze länger halten will: komm ich
Und borge mir bei Euch zu einem neuen
Tuch oder Geld. – Seht nicht mit eins so finster!   1240
Noch seid Ihr sicher; noch ist's nicht so weit
Mit ihm. Ihr seht; er ist so ziemlich noch
Im Stande. Nur der eine Zipfel da
Hat einen garst'gen Fleck; er ist versengt.
Und das bekam er, als ich Eure Tochter   1245
Durchs Feuer trug.

NATHAN (*der nach dem Zipfel greift und ihn betrachtet*).
                    Es ist doch sonderbar,
Dass so ein böser Fleck, dass so ein Brandmal
Dem Mann ein bess'res Zeugnis redet als
Sein eigner Mund. Ich möcht ihn küssen gleich –
Den Flecken! – Ah, verzeiht! – Ich tat es ungern.   1250

TEMPELHERR. Was?

NATHAN.   Eine Träne fiel darauf.

TEMPELHERR.   Tut nichts!
Er hat der Tropfen mehr. – (Bald aber fängt
Mich dieser Jud an zu verwirren.)

NATHAN.   Wär't
Ihr wohl so gut und schicktet Euern Mantel
Auch einmal meinem Mädchen?   1255

TEMPELHERR.   Was damit?

NATHAN. Auch ihren Mund an diesen Fleck zu drücken.
Denn Eure Kniee selber zu umfassen,
Wünscht sie nun wohl vergebens.
TEMPELHERR.   Aber, Jude, –
Ihr heißet Nathan? – Aber, Nathan – Ihr
1260 Setzt Eure Worte sehr – sehr gut – sehr spitz –
Ich bin betreten – Allerdings – ich hätte . . .
NATHAN. Stellt und verstellt Euch, wie Ihr wollt. Ich find
Auch hier Euch aus. Ihr wart zu gut, zu bieder,
Um höflicher zu sein. – Das Mädchen, ganz
1265 Gefühl; der weibliche Gesandte, ganz
Dienstfertigkeit; der Vater weit entfernt –
Ihr trugt für ihren guten Namen Sorge;
Floht ihre Prüfung; floht, um nicht zu siegen.
Auch dafür dank ich Euch –
TEMPELHERR.   Ich muss gestehn,
1270 Ihr wisst, wie Tempelherren denken sollten.
NATHAN. Nur Tempelherren? sollten bloß? und bloß
Weil es die Ordensregeln so gebieten?
Ich weiß, wie gute Menschen denken; weiß,
Dass alle Länder gute Menschen tragen.
1275 TEMPELHERR. Mit Unterschied doch hoffentlich?
NATHAN.   Jawohl;
An Farb, an Kleidung, an Gestalt verschieden.
TEMPELHERR. Auch hier bald mehr, bald weniger, als dort.
NATHAN. Mit diesem Unterschied ist's nicht weit her.
Der große Mann braucht überall viel Boden;
1280 Und mehrere, zu nah gepflanzt, zerschlagen
Sich nur die Äste. Mittelgut, wie wir,
Find't sich hingegen überall in Menge.
Nur muss der eine nicht den andern mäkeln.
Nur muss der Knorr den Knuppen hübsch vertragen.
1285 Nur muss ein Gipfelchen sich nicht vermessen,
Dass es allein der Erde nicht entschossen.
TEMPELHERR.
Sehr wohl gesagt! – Doch kennt Ihr auch das Volk,
Das diese Menschenmäkelei zuerst
Getrieben? Wisst Ihr, Nathan, welches Volk
1290 Zuerst das auserwählte Volk sich nannte?
Wie? wenn ich dieses Volk nun, zwar nicht hasste,
Doch wegen seines Stolzes zu verachten
Mich nicht entbrechen könnte? Seines Stolzes,
Den es auf Christ und Muselmann vererbte.

Nur sein Gott sei der rechte Gott! – Ihr stutzt,   1295
Dass ich, ein Christ, ein Tempelherr, so rede?
Wenn hat und wo die fromme Raserei,
Den bessern Gott zu haben, diesen bessern
Der ganzen Welt als besten aufzudringen,
In ihrer schwärzesten Gestalt sich mehr   1300
Gezeigt, als hier, als itzt? Wem hier, wem itzt
Die Schuppen nicht vom Auge fallen . . . Doch
Sei blind, wer will! – Vergesst, was ich gesagt;
Und lasst mich! *(Will gehen.)*
NATHAN.   Ha! Ihr wisst nicht, wie viel fester
Ich nun mich an Euch drängen werde. – Kommt,   1305
Wir müssen, müssen Freunde sein! – Verachtet
Mein Volk, so sehr Ihr wollt. Wir haben beide
Uns unser Volk nicht auserlesen. Sind
Wir unser Volk? Was heißt denn Volk?
Sind Christ und Jude eher Christ und Jude   1310
Als Mensch? Ah! wenn ich einen mehr in Euch
Gefunden hätte, dem es g'nügt, ein Mensch
Zu heißen!
TEMPELHERR. Ja, bei Gott, das habt Ihr, Nathan!
Das habt Ihr! – Eure Hand! – Ich schäme mich,
Euch einen Augenblick verkannt zu haben.   1315
NATHAN. Und ich bin stolz darauf. Nur das Gemeine
Verkennt man selten.
TEMPELHERR.   Und das Seltene
Vergisst man schwerlich. – Nathan, ja;
Wir müssen, müssen Freunde werden.
NATHAN.   Sind
Es schon. – Wie wird sich meine Recha freuen! –   1320
Und ah! welch eine heitre Ferne schließt
Sich meinen Blicken auf! – Kennt sie nur erst!
TEMPELHERR. Ich brenne vor Verlangen. – Wer stürzt dort
Aus Euerm Hause? Ist's nicht ihre Daja?
NATHAN. Jawohl. So ängstlich?   1325
TEMPELHERR.   Unsrer Recha ist
Doch nichts begegnet?

SECHSTER AUFTRITT

Die Vorigen und Daja eilig.

DAJA.   Nathan! Nathan!
NATHAN.   Nun?
DAJA. Verzeihet, edler Ritter, dass ich Euch
  Muss unterbrechen.
NATHAN.   Nun, was ist's?
TEMPELHERR.   Was ist's?
DAJA. Der Sultan hat geschickt. Der Sultan will
1330 Euch sprechen. Gott, der Sultan!
NATHAN.   Mich? der Sultan?
  Er wird begierig sein zu sehen, was
  Ich Neues mitgebracht. Sag nur, es sei
  Noch wenig oder gar nichts ausgepackt.
DAJA. Nein, nein; er will nichts sehen; will Euch sprechen,
1335 Euch in Person, und bald; sobald Ihr könnt.
NATHAN. Ich werde kommen. – Geh nur wieder, geh!
DAJA. Nehmt ja nicht übel auf, gestrenger Ritter –
  Gott, wir sind so bekümmert, was der Sultan
  Doch will.
NATHAN. Das wird sich zeigen. Geh nur, geh!

SIEBENTER AUFTRITT

Nathan und der Tempelherr.

1340 TEMPELHERR. So kennt Ihr ihn noch nicht? – Ich meine, von
  Person.
NATHAN. Den Saladin? Noch nicht. Ich habe
  Ihn nicht vermieden, nicht gesucht zu kennen.
  Der allgemeine Ruf sprach viel zu gut
  Von ihm, dass ich nicht lieber glauben wollte
1345 Als sehn. Doch nun, – wenn anders dem so ist, –
  Hat er durch Sparung Eures Lebens ...
TEMPELHERR.   Ja;
  Dem allerdings ist so. Das Leben, das
  Ich leb, ist sein Geschenk.
NATHAN.   Durch das er mir
  Ein doppelt, dreifach Leben schenkte. Dies
1350 Hat alles zwischen uns verändert; hat

Mit eins ein Seil mir umgeworfen, das
Mich seinem Dienst auf ewig fesselt. Kaum
Und kaum kann ich es nun erwarten, was
Er mir zuerst befehlen wird. Ich bin
Bereit zu allem; bin bereit ihm zu   1355
Gestehn, dass ich es Euertwegen bin.
TEMPELHERR. Noch hab ich selber ihm nicht danken können:
Sooft ich auch ihm in den Weg getreten.
Der Eindruck, den ich auf ihn machte, kam
So schnell, als schnell er wiederum verschwunden.   1360
Wer weiß, ob er sich meiner gar erinnert.
Und dennoch muss er, einmal wenigstens,
Sich meiner noch erinnern, um mein Schicksal
Ganz zu entscheiden. Nicht genug, dass ich
Auf sein Geheiß noch bin, mit seinem Willen   1365
Noch leb: ich muss nun auch von ihm erwarten,
Nach wessen Willen ich zu leben habe.
NATHAN. Nicht anders; umso mehr will ich nicht säumen. –
Es fällt vielleicht ein Wort, das mir, auf Euch
Zu kommen, Anlass gibt. – Erlaubt, verzeiht –   1370
Ich eile – Wenn, wenn aber sehn wir Euch
Bei uns?
TEMPELHERR. Sobald ich darf.
NATHAN.   Sobald Ihr wollt.
TEMPELHERR. Noch heut.
NATHAN.   Und Euer Name? – muss ich bitten.
TEMPELHERR. Mein Name war – ist Curd von Stauffen – Curd!
NATHAN. Von Stauffen? – Stauffen? – Stauffen?   1375
TEMPELHERR.   Warum fällt
Euch das so auf?
NATHAN.   Von Stauffen? – Des Geschlechts
Sind wohl noch mehrere ...
TEMPELHERR.   O ja! hier waren,
Hier faulen des Geschlechts schon mehrere.
Mein Oheim selbst – mein Vater will ich sagen, –
Doch warum schärft sich Euer Blick auf mich   1380
Je mehr und mehr?
NATHAN.   O nichts! o nichts! Wie kann
Ich Euch zu sehn ermüden?
TEMPELHERR.   Drum verlass
Ich Euch zuerst. Der Blick des Forschers fand
Nicht selten mehr, als er zu finden wünschte.
Ich fürcht ihn, Nathan. Lasst die Zeit allmählich,   1385

Und nicht die Neugier, unsre Kundschaft machen. *(Er geht.)*
NATHAN *(der ihm mit Erstaunen nachsieht)*.
  „Der Forscher fand nicht selten mehr, als er
  Zu finden wünschte." – Ist es doch, als ob
  In meiner Seel er lese! – Wahrlich ja;
1390 Das könnt auch mir begegnen. – Nicht allein
  Wolfs Wuchs, Wolfs Gang: auch seine Stimme. So,
  Vollkommen so, warf Wolf sogar den Kopf;
  Trug Wolf sogar das Schwert im Arm; strich Wolf
  Sogar die Augenbraunen mit der Hand,
1395 Gleichsam das Feuer seines Blicks zu bergen. –
  Wie solche tief geprägte Bilder doch
  Zu Zeiten in uns schlafen können, bis
  Ein Wort, ein Laut sie weckt. – Von Stauffen! –
  Ganz recht, ganz recht; Filnek und Stauffen. –
1400 Ich will das bald genauer wissen; bald.
  Nur erst zum Saladin. – Doch wie? lauscht dort
  Nicht Daja? – Nun so komm nur näher, Daja.

ACHTER AUFTRITT

Daja. Nathan.

NATHAN. Was gilt's? Nun drückt's euch beiden schon das Herz,
  Noch ganz was anders zu erfahren, als
1405 Was Saladin mir will.
DAJA.   Verdenkt Ihr's ihr?
  Ihr fingt soeben an, vertraulicher
  Mit ihm zu sprechen: als des Sultans Botschaft
  Uns von dem Fenster scheuchte.
NATHAN.   Nun, so sag
  Ihr nur, dass sie ihn jeden Augenblick
1410 Erwarten darf.
DAJA.   Gewiss? gewiss?
NATHAN.   Ich kann
  Mich doch auf dich verlassen, Daja? Sei
  Auf deiner Hut; ich bitte dich. Es soll
  Dich nicht gereuen. Dein Gewissen selbst
  Soll seine Rechnung dabei finden. Nur
1415 Verdirb mir nichts in meinem Plane. Nur
  Erzähl und frage mit Bescheidenheit,
  Mit Rückhalt . . .

DAJA.   Dass Ihr doch noch erst so was
Erinnern könnt! – Ich geh; geht Ihr nur auch.
Denn seht! ich glaube gar, da kömmt vom Sultan
Ein zweiter Bot, Al-Hafi, Euer Derwisch. *(Geht ab.)*   1420

NEUNTER AUFTRITT

Nathan. Al-Hafi.

AL-HAFI. Ha! ha! zu Euch wollt' ich nun eben wieder.
NATHAN. Ist's denn so eilig? Was verlangt er denn
Von mir?
AL-HAFI. Wer?
NATHAN.   Saladin. – Ich komm, ich komme.
AL-HAFI. Zu wem? Zum Saladin?
NATHAN.   Schickt Saladin
Dich nicht?
AL-HAFI.   Mich? nein. Hat er denn schon geschickt?   1425
NATHAN. Ja freilich hat er.
AL-HAFI.   Nun, so ist es richtig.
NATHAN.
Was? was ist richtig?
AL-HAFI.   Dass . . . ich bin nicht schuld;
Gott weiß, ich bin nicht schuld. – Was hab ich nicht
Von Euch gesagt, gelogen, um es abzuwenden!
NATHAN. Was abzuwenden? Was ist richtig?   1430
AL-HAFI.   Dass
Nun Ihr sein Defterdar geworden. Ich
Bedaur' Euch. Doch mit ansehn will ich's nicht.
Ich geh von Stund an, geh. Ihr habt es schon
Gehört, wohin; und wisst den Weg. – Habt Ihr
Des Wegs was zu bestellen, sagt: ich bin   1435
Zu Diensten. Freilich muss es mehr nicht sein,
Als was ein Nackter mit sich schleppen kann.
Ich geh, sagt bald.
NATHAN.   Besinn dich doch, Al-Hafi.
Besinn dich, dass ich noch von gar nichts weiß.
Was plauderst du denn da?   1440
AL-HAFI.   Ihr bringt sie doch
Gleich mit, die Beutel?
NATHAN.   Beutel?
AL-HAFI.   Nun, das Geld,

Das Ihr dem Saladin vorschießen sollt.
NATHAN. Und weiter ist es nichts?
AL-HAFI.   Ich sollt' es wohl
Mit ansehn, wie er Euch von Tag zu Tag
1445 Aushöhlen wird bis auf die Zehen? Sollt'
Es wohl mit ansehn, dass Verschwendung aus
Der weisen Milde sonst nie leeren Scheuern
So lange borgt und borgt und borgt, bis auch
Die armen eingebornen Mäuschen drin
1450 Verhungern? – Bildet Ihr vielleicht Euch ein,
Wer Euers Gelds bedürftig sei, der werde
Doch Euerm Rate wohl auch folgen? – Ja;
Er Rate folgen! Wenn hat Saladin
Sich raten lassen? – Denkt nur, Nathan, was
1455 Mir eben itzt mit ihm begegnet.
NATHAN.   Nun?
AL-HAFI. Da komm ich zu ihm, eben dass er Schach
Gespielt mit seiner Schwester. Sittah spielt
Nicht übel; und das Spiel, das Saladin
Verloren glaubte, schon gegeben hatte,
1460 Das stand noch ganz so da. Ich seh Euch hin,
Und sehe, dass das Spiel noch lange nicht
Verloren.
NATHAN. Ei! das war für dich ein Fund!
AL-HAFI. Er durfte mit dem König an den Bauer
Nur rücken, auf ihr Schach – Wenn ich's Euch gleich
1465 Nur zeigen könnte!
NATHAN.   Oh, ich traue dir!
AL-HAFI. Denn so bekam der Roche Feld: und sie
War hin. – Das alles will ich ihm nun weisen
Und ruf ihn. – Denkt! . . .
NATHAN.   Er ist nicht deiner Meinung?
AL-HAFI.
Er hört mich gar nicht an und wirft verächtlich
1470 Das ganze Spiel in Klumpen.
NATHAN.   Ist das möglich?
AL-HAFI. Und sagt: er wolle matt nun einmal sein;
Er wolle! Heißt das spielen?
NATHAN.   Schwerlich wohl;
Heißt mit dem Spielen spielen.
AL-HAFI.   Gleichwohl galt
Es keine taube Nuss.
NATHAN.   Geld hin, Geld her!

Das ist das wenigste. Allein dich gar   1475
Nicht anzuhören! über einen Punkt
Von solcher Wichtigkeit dich nicht einmal
Zu hören! deinen Adlerblick nicht zu
Bewundern! das, das schreit um Rache: nicht?
AL-HAFI. Ach was! Ich sag Euch das nur, damit   1480
Ihr sehen könnt, was für ein Kopf er ist.
Kurz, ich, ich halt's mit ihm nicht länger aus.
Da lauf ich nun bei allen schmutz'gen Mohren
Herum und frage, wer ihm borgen will.
Ich, der ich nie für mich gebettelt habe,   1485
Soll nun für andre borgen. Borgen ist
Viel besser nicht als betteln: so wie leihen,
Auf Wucher leihen, nicht viel besser ist
Als stehlen. Unter meinen Ghebern, an
Dem Ganges, brauch ich beides nicht und brauche   1490
Das Werkzeug beider nicht zu sein. Am Ganges,
Am Ganges nur gibt's Menschen. Hier seid Ihr
Der Einzige, der noch so würdig wäre,
Dass er am Ganges lebte. – Wollt Ihr mit? –
Lasst ihm mit eins den Plunder ganz im Stiche,   1495
Um den es ihm zu tun. Er bringt Euch nach
Und nach doch drum. So wär die Plackerei
Auf einmal aus. Ich schaff Euch einen Delk.
Kommt! Kommt!
NATHAN.   Ich dächte zwar, das blieb uns ja
Noch immer übrig. Doch, Al-Hafi, will   1500
Ich's überlegen. Warte . . .
AL-HAFI.   Überlegen?
Nein, so was überlegt sich nicht.
NATHAN.   Nur bis
Ich von dem Sultan wiederkomme; bis
Ich Abschied erst . . .
AL-HAFI.   Wer überlegt, der sucht
Bewegungsgründe, nicht zu dürfen. Wer   1505
Sich Knall und Fall, ihm selbst zu leben, nicht
Entschließen kann, der lebt andrer Sklav
Auf immer. – Wie Ihr wollt! – Lebt wohl! wie's Euch
Wohl dünkt. – Mein Weg liegt dort; und Eurer da.
NATHAN. Al-Hafi! Du wirst selbst doch erst das Deine   1510
Berichtigen?
AL-HAFI.   Ach Possen! Der Bestand
Von meiner Kass ist nicht des Zählens wert;

Und meine Rechnung bürgt – Ihr oder Sittah.
Lebt wohl! *(Ab.)*
NATHAN *(ihm nachsehend).*
        Die bürg ich! – Wilder, guter, edler –
Wie nenn ich ihn? – Der wahre Bettler ist
Doch einzig und allein der wahre König!
       (Von einer andern Seite ab.)

DRITTER AUFZUG

ERSTER AUFTRITT

Szene: in Nathans Hause.

Recha und Daja.

RECHA. Wie, Daja, drückte sich mein Vater aus?
„Ich dürf ihn jeden Augenblick erwarten?"
Das klingt – nicht wahr? – als ob er noch so bald
Erscheinen werde. – Wie viel Augenblicke   1520
Sind aber schon vorbei! – Ah nun: wer denkt
An die verflossenen? – Ich will allein
In jedem nächsten Augenblicke leben.
Er wird doch einmal kommen, der ihn bringt.
DAJA. O der verwünschten Botschaft von dem Sultan!   1525
Denn Nathan hätte sicher ohne sie
Ihn gleich mit hergebracht.
RECHA.   Und wenn er nun
Gekommen, diesen Augenblick; wenn denn
Nun meiner Wünsche wärmster, innigster
Erfüllet ist: was dann? – was dann?   1530
DAJA.   Was dann?
Dann hoff ich, dass auch meiner Wünsche wärmster
Soll in Erfüllung gehen.
RECHA.   Was wird dann
In meiner Brust an dessen Stelle treten,
Die schon verlernt, ohn einen herrschenden
Wunsch aller Wünsche sich zu dehnen? – Nichts?   1535
Ah, ich erschrecke! . . .
DAJA.   Mein, mein Wunsch wird dann
An des erfüllten Stelle treten; meiner.
Mein Wunsch, dich in Europa, dich in Händen
Zu wissen, welche deiner würdig sind.
RECHA. Du irrst. – Was diesen Wunsch zu deinem macht,   1540
Das Nämliche verhindert, dass er meiner
Je werden kann. Dich zieht dein Vaterland:
Und meines, meines sollte mich nicht halten?
Ein Bild der Deinen, das in deiner Seele
Noch nicht verloschen, sollte mehr vermögen,   1545
Als die ich sehn und greifen kann und hören,
Die Meinen?

DAJA.   Sperre dich, so viel du willst!
Des Himmels Wege sind des Himmels Wege.
Und wenn es nun dein Retter selber wäre,
1550 Durch den sein Gott, für den er kämpft, dich in
Das Land, dich zu dem Volke führen wollte,
Für welche du geboren wurdest?
RECHA.   Daja!
Was sprichst du da nun wieder, liebe Daja!
Du hast doch wahrlich deine sonderbaren
1555 Begriffe! „Sein, sein Gott! für den er kämpft!"
Wem eignet Gott? was ist das für ein Gott,
Der einem Menschen eignet? der für sich
Muss kämpfen lassen? – Und wie weiß
Man denn, für welchen Erdkloß man geboren,
1560 Wenn man's für den nicht ist, auf welchem man
Geboren? – Wenn mein Vater dich so hörte! –
Was tat er dir, mir immer nur mein Glück
So weit von ihm als möglich vorzuspiegeln?
Was tat er dir, den Samen der Vernunft,
1565 Den er so rein in meine Seele streute,
Mit deines Landes Unkraut oder Blumen
So gern zu mischen? – Liebe, liebe Daja,
Er will nun deine bunten Blumen nicht
Auf meinem Boden! – Und ich muss dir sagen,
1570 Ich selber fühle meinen Boden, wenn
Sie noch so schön ihn kleiden, so entkräftet,
So ausgezehrt durch deine Blumen; fühle
In ihrem Dufte, sauersüßem Dufte,
Mich so betäubt, so schwindelnd! – Dein Gehirn
1575 Ist dessen mehr gewohnt. Ich tadle drum
Die stärkern Nerven nicht, die ihn vertragen.
Nur schlägt er mir nicht zu; und schon dein Engel,
Wie wenig fehlte, dass er mich zur Närrin
Gemacht? – Noch schäm ich mich vor meinem Vater
1580 Der Posse!
DAJA.   Posse! – Als ob der Verstand
Nur hier zu Hause wäre! Posse! Posse!
Wenn ich nur reden dürfte!
RECHA.   Darfst du nicht?
Wenn war ich nicht ganz Ohr, sooft es dir
Gefiel, von deinen Glaubenshelden mich
1585 Zu unterhalten? Hab ich ihren Taten
Nicht stets Bewunderung und ihren Leiden

Nicht immer Tränen gern gezollt? Ihr Glaube
Schien freilich mir das Heldenmäßigste
An ihnen nie. Doch so viel tröstender
War mir die Lehre, dass Ergebenheit   1590
In Gott von unserm Wähnen über Gott
So ganz und gar nicht abhängt. – Liebe Daja,
Das hat mein Vater uns so oft gesagt;
Darüber hast du selbst mit ihm so oft
Dich einverstanden; warum untergräbst   1595
Du denn allein, was du mit ihm zugleich
Gebauet? – Liebe Daja, das ist kein
Gespräch, womit wir unserm Freund am besten
Entgegensehn. Für mich zwar, ja! Denn mir,
Mir liegt daran unendlich, ob auch er …   1600
Horch, Daja! – Kommt es nicht an unsre Türe?
Wenn er es wäre! horch!

ZWEITER AUFTRITT

*Recha. Daja und der Tempelherr, dem jemand von außen
die Türe öffnet, mit den Worten:*

                    Nur hier herein!
RECHA *(fährt zusammen, fasst sich und will ihm zu Füßen
fallen).* Er ist's! – Mein Retter, ah!
TEMPELHERR.   Dies zu vermeiden,
Erschien ich bloß so spät: und doch –
RECHA.   Ich will
Ja zu den Füßen dieses stolzen Mannes   1605
Nur Gott noch einmal danken; nicht dem Manne.
Der Mann will keinen Dank, will ihn so wenig,
Als ihn der Wassereimer will, der bei
Dem Löschen so geschäftig sich erwiesen.
Der ließ sich füllen, ließ sich leeren, mir   1610
Nichts, dir nichts: also auch der Mann. Auch der
Ward nur so in die Glut hineingestoßen;
Da fiel ich ungefähr ihm in den Arm;
Da blieb ich ungefähr, so wie ein Funken
Auf seinem Mantel, ihm in seinen Armen;   1615
Bis wiederum, ich weiß nicht was, uns beide
Herausschmiss aus der Glut. – Was gibt es da
Zu danken? – In Europa treibt der Wein

        Zu noch weit andern Taten. – Tempelherren,
1620   Die müssen einmal nun so handeln; müssen,
        Wie etwas besser zugelernte Hunde,
        Sowohl aus Feuer als aus Wasser holen.

TEMPELHERR *(der sie mit Erstaunen und Unruhe die Zeit über*
    betrachtet).
        O Daja, Daja! Wenn in Augenblicken
        Des Kummers und der Galle meine Laune
1625   Dich übel anließ, warum jede Torheit,
        Die meiner Zung entfuhr, ihr hinterbringen?
        Das hieß sich zu empfindlich rächen, Daja!
        Doch wenn du nur von nun an besser mich
        Bei ihr vertreten willst.

DAJA.   Ich denke, Ritter,
1630   Ich denke nicht, dass diese kleinen Stacheln,
        Ihr an das Herz geworfen, Euch da sehr
        Geschadet haben.

RECHA.   Wie? Ihr hattet Kummer?
        Und war't mit Euerm Kummer geiziger
        Als Euerm Leben?

TEMPELHERR.   Gutes, holdes Kind! –
1635   Wie ist doch meine Seele zwischen Auge
        Und Ohr geteilt! – Das war das Mädchen nicht,
        Nein, nein, das war es nicht, das aus dem Feuer
        Ich holte. – Denn wer hätte die gekannt
        Und aus dem Feuer nicht geholt? Wer hätte
1640   Auf mich gewartet? – Zwar – verstellt – der Schreck.
        (Pause, unter der er, in Anschauung ihrer, sich wie verliert.)

RECHA. Ich aber find Euch noch den Nämlichen. –
        (Dergleichen; bis sie fortfährt, um ihn in seinem Anstaunen
            zu unterbrechen.)
        Nun, Ritter, sagt uns doch, wo Ihr so lange
        Gewesen? – Fast dürft ich auch fragen: wo
        Ihr itzo seid?

TEMPELHERR. Ich bin – wo ich vielleicht
1645   Nicht sollte sein. –

RECHA.   Wo Ihr gewesen? – Auch
        Wo Ihr vielleicht nicht solltet sein gewesen?
        Das ist nicht gut.

TEMPELHERR.   Auf – auf – wie heißt der Berg?
        Auf Sinai.

RECHA.   Auf Sinai? – Ah schön!
        Nun kann ich zuverlässig doch einmal

Erfahren, ob es wahr ...   1650
TEMPELHERR.   Was? was? Ob's wahr,
   Dass noch daselbst der Ort zu sehn, wo Moses
   Vor Gott gestanden, als ...
RECHA.   Nun das wohl nicht.
   Denn wo er stand, stand er vor Gott. Und davon
   Ist mir zur G'nüge schon bekannt. – Ob's wahr,
   Möcht ich nur gern von Euch erfahren, dass –   1655
   Dass es bei weitem nicht so mühsam sei,
   Auf diesen Berg hinaufzusteigen, als
   Herab? – Denn seht; so viel ich Berge noch
   Gestiegen bin, war's just das Gegenteil. –
   Nun, Ritter? – Was? – Ihr kehrt Euch von mir ab?   1660
   Wollt mich nicht sehn?
TEMPELHERR.   Weil ich Euch hören will.
RECHA. Weil Ihr mich nicht wollt merken lassen, dass
   Ihr meiner Einfalt lächelt; dass Ihr lächelt,
   Wie ich Euch doch so gar nichts Wichtigers
   Von diesem heiligen Berg aller Berge   1665
   Zu fragen weiß? Nicht wahr?
TEMPELHERR.   So muss
   Ich doch Euch wieder in die Augen sehn. –
   Was? Nun schlagt Ihr sie nieder? nun verbeißt
   Das Lächeln Ihr? wie ich noch erst in Mienen,
   In zweifelhaften Mienen lesen will,   1670
   Was ich so deutlich hör, Ihr so vernehmlich
   Mir sagt – verschweigt? – Ah, Recha! Recha! Wie
   Hat er so wahr gesagt: „Kennt sie nur erst!"
RECHA. Wer hat? – von wem? – Euch das gesagt?
TEMPELHERR.   „Kennt sie
   Nur erst!", hat Euer Vater mir gesagt;   1675
   Von Euch gesagt.
DAJA.   Und ich nicht etwa auch?
   Ich denn nicht auch?
TEMPELHERR.   Allein wo ist er denn?
   Wo ist denn Euer Vater? Ist er noch
   Beim Sultan?
RECHA.   Ohne Zweifel.
TEMPELHERR.   Noch, noch da? –
   O mich Vergesslichen! Nein, nein; da ist   1680
   Er schwerlich mehr. – Er wird dort unten bei
   Dem Kloster meiner warten; ganz gewiss.
   So red'ten, mein ich, wir es ab! Erlaubt!

Ich geh, ich hol ihn ...
DAJA.   Das ist meine Sache.
1685   Bleibt, Ritter, bleibt. Ich bring ihn unverzüglich.
TEMPELHERR.
     Nicht so, nicht so! Er sieht mir selbst entgegen;
     Nicht Euch. Dazu, er könnte leicht ... wer weiß? ...
     Er könnte bei dem Sultan leicht, ... Ihr kennt
     Den Sultan nicht! ... leicht in Verlegenheit
1690   Gekommen sein. – Glaubt mir; es hat Gefahr,
     Wenn ich nicht geh.
RECHA.   Gefahr? was für Gefahr?
TEMPELHERR. Gefahr für mich, für Euch, für ihn: wenn ich
     Nicht schleunig, schleunig geh. *(Ab.)*

DRITTER AUFTRITT

Recha und Daja.

RECHA.   Was ist das, Daja? –
     So schnell? – Was kömmt ihm an? Was fiel ihm auf?
1695   Was jagt ihn?
DAJA.   Lasst nur, lasst. Ich denk, es ist
     Kein schlimmes Zeichen.
RECHA.   Zeichen? und wovon?
DAJA. Dass etwas vorgeht innerhalb. Es kocht,
     Und soll nicht überkochen. Lasst ihn nur.
     Nun ist's an Euch.
RECHA.   Was ist an mir? Du wirst,
1700   Wie er, mir unbegreiflich.
DAJA.   Bald nun könnt
     Ihr ihm die Unruh all vergelten, die
     Er Euch gemacht hat. Seid nur aber auch
     Nicht allzu streng, nicht allzu rachbegierig.
RECHA. Wovon du sprichst, das magst du selber wissen.
1705 DAJA. Und seid denn Ihr bereits so ruhig wieder?
RECHA. Das bin ich; ja das bin ich ...
DAJA.   Wenigstens
     Gesteht, dass Ihr Euch seiner Unruh freut
     Und seiner Unruh danket, was Ihr itzt
     Von Ruh genießt.
RECHA.   Mir völlig unbewusst!
1710   Denn was ich höchstens dir gestehen könnte,

Wär, dass es mich – mich selbst befremdet, wie
Auf einen solchen Sturm in meinem Herzen
So eine Stille plötzlich folgen können.
Sein voller Anblick, sein Gespräch, sein Ton
Hat mich ...   1715
DAJA.   Gesättigt schon?
RECHA.   Gesättigt, will
Ich nun nicht sagen; nein – bei weitem nicht –
DAJA. Den heißen Hunger nur gestillt.
RECHA.   Nun ja:
Wenn du so willst.
DAJA.   Ich eben nicht.
RECHA.   Er wird
Mir ewig wert; mir ewig werter, als
Mein Leben bleiben: wenn auch schon mein Puls   1720
Nicht mehr bei seinem bloßen Namen wechselt;
Nicht mehr mein Herz, sooft ich an ihn denke,
Geschwinder, stärker schlägt. – Was schwatz ich? Komm,
Komm, liebe Daja, wieder an das Fenster,
Das auf die Palmen sieht.   1725
DAJA.   So ist er doch
Wohl noch nicht ganz gestillt, der heiße Hunger.
RECHA. Nun werd ich auch die Palmen wieder sehn:
Nicht ihn bloß untern Palmen.
DAJA.   Diese Kälte
Beginnt auch wohl ein neues Fieber nur.
RECHA. Was Kält? Ich bin nicht kalt. Ich sehe wahrlich   1730
Nicht minder gern, was ich mit Ruhe sehe.

VIERTER AUFTRITT

Szene: ein Audienzsaal in dem Palaste des Saladin.

Saladin und Sittah.

SALADIN *(im Hereintreten, gegen die Türe).*
Hier bringt den Juden her, sobald er kömmt.
Er scheint sich eben nicht zu übereilen.
SITTAH. Er war auch wohl nicht bei der Hand; nicht gleich
Zu finden.   1735
SALADIN. Schwester! Schwester!
SITTAH.   Tust du doch,

Als stünde dir ein Treffen vor.

SALADIN.   Und das
Mit Waffen, die ich nicht gelernt zu führen.
Ich soll mich stellen; soll besorgen lassen;
Soll Fallen legen; soll auf Glatteis führen.
1740 Wenn hätt ich das gekonnt? Wo hätt ich das
Gelernt? – Und soll das alles, ah, wozu?
Wozu? – Um Geld zu fischen; Geld! – Um Geld,
Geld einem Juden abzubangen; Geld!
Zu solchen kleinen Listen wär ich endlich
1745 Gebracht, der Kleinigkeiten kleinste mir
Zu schaffen?

SITTAH.   Jede Kleinigkeit, zu sehr
Verschmäht, die rächt sich, Bruder.

SALADIN.   Leider wahr. –
Und wenn nun dieser Jude gar der gute,
Vernünft'ge Mann ist, wie der Derwisch dir
1750 Ihn ehedem beschrieben?

SITTAH.   O nun dann!
Was hat es dann für Not! Die Schlinge liegt
Ja nur dem geizigen, besorglichen,
Furchtsamen Juden: nicht dem guten, nicht
Dem weisen Manne. Dieser ist ja so
1755 Schon unser, ohne Schlinge. Das Vergnügen,
Zu hören, wie ein solcher Mann sich ausred't;
Mit welcher dreisten Stärk entweder er
Die Stricke kurz zerreißet; oder auch
Mit welcher schlauen Vorsicht er die Netze
1760 Vorbei sich windet: dies Vergnügen hast
Du obendrein.

SALADIN.   Nun, das ist wahr. Gewiss,
Ich freue mich darauf.

SITTAH.   So kann dich ja
Auch weiter nichts verlegen machen. Denn
Ist's einer aus der Menge bloß; ist's bloß
1765 Ein Jude, wie ein Jude: gegen den
Wirst du dich doch nicht schämen, so zu scheinen,
Wie er die Menschen all sich denkt? Vielmehr,
Wer sich ihm besser zeigt, der zeigt sich ihm
Als Geck, als Narr.

SALADIN.   So muss ich ja wohl gar
1770 Schlecht handeln, dass von mir der Schlechte nicht
Schlecht denke?

SITTAH.   Traun! wenn du schlecht handeln nennst,
  Ein jedes Ding nach seiner Art zu brauchen.
SALADIN. Was hätt ein Weiberkopf erdacht, das er
  Nicht zu beschönen wüsste!
SITTAH.   Zu beschönen!
SALADIN. Das feine, spitze Ding, besorg ich nur,   1775
  In meiner plumpen Hand zerbricht! – So was
  Will ausgeführt sein, wie's erfunden ist:
  Mit aller Pfiffigkeit, Gewandtheit. – Doch,
  Mag's doch nur, mag's! Ich tanze, wie ich kann;
  Und könnt es freilich lieber – schlechter noch   1780
  Als besser.
SITTAH.   Trau dir auch nur nicht zu wenig!
  Ich stehe dir für dich! Wenn du nur willst. –
  Dass uns die Männer deinesgleichen doch
  So gern bereden möchten, nur ihr Schwert,
  Ihr Schwert nur habe sie so weit gebracht.   1785
  Der Löwe schämt sich freilich, wenn er mit
  Dem Fuchse jagt: – des Fuchses, nicht der List.
SALADIN. Und dass die Weiber doch so gern den Mann
  Zu sich herunter hätten! – Geh nur, geh! –
  Ich glaube meine Lektion zu können.   1790
SITTAH. Was? ich soll gehn?
SALADIN.   Du wolltest doch nicht bleiben?
SITTAH.
  Wenn auch nicht bleiben ... im Gesicht euch bleiben –
  Doch hier im Nebenzimmer –
SALADIN.   Da zu horchen?
  Auch das nicht, Schwester; wenn ich soll bestehn. –
  Fort, fort! der Vorhang rauscht; er kömmt! – doch dass   1795
  Du ja nicht da verweilst! Ich sehe nach.
    (Indem sie sich durch eine Türe entfernt, tritt Nathan
     zu der andern herein; und Saladin hat sich gesetzt.)

FÜNFTER AUFTRITT

Saladin und Nathan.

SALADIN. Tritt näher, Jude! – Näher! – Nur ganz her! –
  Nur ohne Furcht!
NATHAN.   Die bleibe deinem Feinde!
SALADIN. Du nennst dich Nathan?

NATHAN.   Ja.

SALADIN.   Den weisen Nathan?

1800 NATHAN. Nein.

SALADIN.   Wohl! nennst du dich nicht; nennt dich das Volk.

NATHAN. Kann sein; das Volk!

SALADIN.   Du glaubst doch nicht, dass ich
    Verächtlich von des Volkes Stimme denke? –
    Ich habe längst gewünscht, den Mann zu kennen,
    Den es den Weisen nennt.

NATHAN.   Und wenn es ihn
1805 Zum Spott so nennte? Wenn dem Volke weise
    Nichts weiter wär als klug? und klug nur der,
    Der sich auf seinen Vorteil gut versteht?

SALADIN. Auf seinen wahren Vorteil, meinst du doch?

NATHAN. Dann freilich wär der Eigennützigste
1810 Der Klügste. Dann wär freilich klug und weise
    Nur eins.

SALADIN. Ich höre dich erweisen, was
    Du widersprechen willst. – Des Menschen wahre
    Vorteile, die das Volk nicht kennt, kennst du.
    Hast du zu kennen wenigstens gesucht;
1815 Hast drüber nachgedacht: das auch allein
    Macht schon den Weisen.

NATHAN.   Der sich jeder dünkt
    Zu sein.

SALADIN. Nun der Bescheidenheit genug!
    Denn sie nur immerdar zu hören, wo
    Man trockene Vernunft erwartet, ekelt. *(Er springt auf.)*
1820 Lass uns zur Sache kommen! Aber, aber
    Aufrichtig, Jud, aufrichtig!

NATHAN.   Sultan, ich
    Will sicherlich dich so bedienen, dass
    Ich deiner fernern Kundschaft würdig bleibe.

SALADIN. Bedienen? wie?

NATHAN.   Du sollst das Beste haben
1825 Von allem; sollst es um den billigsten
    Preis haben.

SALADIN.   Wovon sprichst du? doch wohl nicht
    Von deinen Waren? – Schachern wird mit dir
    Schon meine Schwester. (Das der Horcherin!) –
    Ich habe mit dem Kaufmann nichts zu tun.

1830 NATHAN. So wirst du ohne Zweifel wissen wollen,
    Was ich auf meinem Wege von dem Feinde,

Der allerdings sich wieder regt, etwa
Bemerkt, getroffen? – Wenn ich unverhohlen ...
SALADIN. Auch darauf bin ich eben nicht mit dir
  Gesteuert. Davon weiß ich schon, so viel   1835
  Ich nötig habe. – Kurz; –
NATHAN.   Gebiete, Sultan.
SALADIN. Ich heische deinen Unterricht in ganz
  Was anderm; ganz was anderm. – Da du nun
  So weise bist: so sage mir doch einmal –
  Was für ein Glaube, was für ein Gesetz   1840
  Hat dir am meisten eingeleuchtet?
NATHAN.   Sultan,
  Ich bin ein Jud.
SALADIN.   Und ich ein Muselmann.
  Der Christ ist zwischen uns. – Von diesen drei
  Religionen kann doch eine nur
  Die wahre sein. – Ein Mann, wie du, bleibt da   1845
  Nicht stehen, wo der Zufall der Geburt
  Ihn hingeworfen: oder wenn er bleibt,
  Bleibt er aus Einsicht, Gründen, Wahl des Bessern.
  Wohlan! so teile deine Einsicht mir
  Denn mit. Lass mich die Gründe hören, denen   1850
  Ich selber nachzugrübeln nicht die Zeit
  Gehabt. Lass mich die Wahl, die diese Gründe
  Bestimmt, – versteht sich, im Vertrauen – wissen,
  Damit ich sie zu meiner mache. – Wie?
  Du stutzest? wägst mich mit dem Auge? – Kann   1855
  Wohl sein, dass ich der erste Sultan bin,
  Der eine solche Grille hat; die mich
  Doch eines Sultans eben nicht so ganz
  Unwürdig dünkt. – Nicht wahr? – So rede doch!
  Sprich! – Oder willst du einen Augenblick,   1860
  Dich zu bedenken? Gut, ich geb ihn dir. –
  (Ob sie wohl horcht? Ich will sie doch belauschen;
  Will hören, ob ich's recht gemacht. –) Denk nach.
  Geschwind denk nach! Ich säume nicht, zurück-
  Zukommen.   1865
(Er geht in das Nebenzimmer, nach welchem sich Sittah begeben.)

SECHSTER AUFTRITT

Nathan allein.

NATHAN.   Hm! hm! – wunderlich! – Wie ist
Mir denn? – Was will der Sultan? was? – Ich bin
Auf Geld gefasst; und er will – Wahrheit, Wahrheit!
Und will sie so, – so bar, so blank, – als ob
Die Wahrheit Münze wäre! – Ja, wenn noch
1870   Uralte Münze, die gewogen ward! –
Das ginge noch! Allein so neue Münze,
Die nur der Stempel macht, die man aufs Brett
Nur zählen darf, das ist sie doch nun nicht!
Wie Geld in Sack, so striche man in Kopf
1875   Auch Wahrheit ein? Wer ist denn hier der Jude?
Ich oder er? – Doch wie? Sollt er auch wohl
Die Wahrheit nicht in Wahrheit fodern? – Zwar,
Zwar der Verdacht, dass er die Wahrheit nur
Als Falle brauche, wär auch gar zu klein! –
1880   Zu klein? – Was ist für einen Großen denn
Zu klein? – Gewiss, gewiss: er stürzte mit
Der Türe so ins Haus! Man pocht doch, hört
Doch erst, wenn man als Freund sich naht. – Ich muss
Behutsam gehn! – Und wie? wie das? – So ganz
1885   Stockjude sein zu wollen, geht schon nicht. –
Und ganz und gar nicht Jude, geht noch minder.
Denn, wenn kein Jude, dürft er mich nur fragen,
Warum kein Muselmann? – Das war's! Das kann
Mich retten! – Nicht die Kinder bloß speist man
1890   Mit Märchen ab. – Er kömmt. Er komme nur!

SIEBENTER AUFTRITT

Saladin und Nathan.

SALADIN. (So ist das Feld hier rein!) – Ich komm dir doch
Nicht zu geschwind zurück? Du bist zu Rande
Mit deiner Überlegung. – Nun so rede!
Es hört uns keine Seele.
NATHAN.   Möcht auch doch
1895   Die ganze Welt uns hören.
SALADIN.   So gewiss

Ist Nathan seiner Sache? Ha! das nenn
Ich einen Weisen! Nie die Wahrheit zu
Verhehlen! für sie alles auf das Spiel
Zu setzen! Leib und Leben! Gut und Blut!
NATHAN. Ja! ja! wann's nötig ist und nutzt.   1900
SALADIN.   Von nun
An darf ich hoffen, einen meiner Titel,
Verbesserer der Welt und des Gesetzes,
Mit Recht zu führen.
NATHAN.   Traun, ein schöner Titel!
Doch, Sultan, eh ich mich dir ganz vertraue,
Erlaubst du wohl, dir ein Geschichtchen zu   1905
Erzählen?
SALADIN. Warum das nicht? Ich bin stets
Ein Freund gewesen von Geschichtchen, gut
Erzählt.
NATHAN. Ja, gut erzählen, das ist nun
Wohl eben meine Sache nicht.
SALADIN.   Schon wieder
So stolz bescheiden? – Mach! erzähl, erzähle!   1910
NATHAN.
Vor grauen Jahren lebt' ein Mann in Osten,
Der einen Ring von unschätzbarem Wert
Aus lieber Hand besaß. Der Stein war ein
Opal, der hundert schöne Farben spielte,
Und hatte die geheime Kraft, vor Gott   1915
Und Menschen angenehm zu machen, wer
In dieser Zuversicht ihn trug. Was Wunder,
Dass ihn der Mann in Osten darum nie
Vom Finger ließ; und die Verfügung traf,
Auf ewig ihn bei seinem Hause zu   1920
Erhalten? Nämlich so. Er ließ den Ring
Von seinen Söhnen dem geliebtesten;
Und setzte fest, dass dieser wiederum
Den Ring von seinen Söhnen dem vermache,
Der ihm der liebste sei; und stets der liebste,   1925
Ohn Ansehn der Geburt, in Kraft allein
Des Rings, das Haupt, der Fürst des Hauses werde. –
Versteh mich, Sultan.
SALADIN.   Ich versteh dich. Weiter!
NATHAN. So kam nun dieser Ring, von Sohn zu Sohn,
Auf einen Vater endlich von drei Söhnen;   1930
Die alle drei ihm gleich gehorsam waren,

Die alle drei er folglich gleich zu lieben
Sich nicht entbrechen konnte. Nur von Zeit
Zu Zeit schien ihm bald der, bald dieser, bald
1935 Der dritte, – so wie jeder sich mit ihm
Allein befand und sein ergießend Herz
Die andern zwei nicht teilten, – würdiger
Des Ringes; den er denn auch einem jeden
Die fromme Schwachheit hatte zu versprechen.
1940 Das ging nun so, solang es ging. – Allein
Es kam zum Sterben, und der gute Vater
Kömmt in Verlegenheit. Es schmerzt ihn, zwei
Von seinen Söhnen, die sich auf sein Wort
Verlassen, so zu kränken. – Was zu tun? –
1945 Er sendet in geheim zu einem Künstler,
Bei dem er, nach dem Muster seines Ringes,
Zwei andere bestellt und weder Kosten
Noch Mühe sparen heißt, sie jenem gleich,
Vollkommen gleich zu machen. Das gelingt
1950 Dem Künstler. Da er ihm die Ringe bringt,
Kann selbst der Vater seinen Musterring
Nicht unterscheiden. Froh und freudig ruft
Er seine Söhne, jeden insbesondre;
Gibt jedem insbesondre seinen Segen, –
1955 Und seinen Ring, – und stirbt. – Du hörst doch, Sultan?

SALADIN *(der sich betroffen von ihm gewandt).*
Ich hör, ich höre! – Komm mit deinem Märchen
Nur bald zu Ende. – Wird's?

NATHAN.   Ich bin zu Ende.
Denn was noch folgt, versteht sich ja von selbst. –
Kaum war der Vater tot, so kömmt ein jeder
1960 Mit seinem Ring, und jeder will der Fürst
Des Hauses sein. Man untersucht, man zankt,
Man klagt. Umsonst; der rechte Ring war nicht
Erweislich; –
(nach einer Pause, in welcher er des Sultans Antwort erwartet.)
    Fast so unerweislich, als
Uns itzt – der rechte Glaube.

SALADIN.   Wie? das soll
1965 Die Antwort sein auf meine Frage? ...

NATHAN.   Soll
Mich bloß entschuldigen, wenn ich die Ringe
Mir nicht getrau zu unterscheiden, die
Der Vater in der Absicht machen ließ,

Damit sie nicht zu unterscheiden wären.
SALADIN. Die Ringe! – Spiele nicht mit mir! – Ich dächte,   1970
Dass die Religionen, die ich dir
Genannt, doch wohl zu unterscheiden wären.
Bis auf die Kleidung; bis auf Speis und Trank!
NATHAN. Und nur vonseiten ihrer Gründe nicht. –
Denn gründen alle sich nicht auf Geschichte?   1975
Geschrieben oder überliefert! – Und
Geschichte muss doch wohl allein auf Treu
Und Glauben angenommen werden? – Nicht? –
Nun, wessen Treu und Glauben zieht man denn
Am wenigsten in Zweifel? Doch der Seinen?   1980
Doch deren Blut wir sind? Doch deren, die
Von Kindheit an uns Proben ihrer Liebe
Gegeben? die uns nie getäuscht, als wo
Getäuscht zu werden uns heilsamer war? –
Wie kann ich meinen Vätern weniger   1985
Als du den deinen glauben? Oder umgekehrt. –
Kann ich von dir verlangen, dass du deine
Vorfahren Lügen strafst, um meinen nicht
Zu widersprechen? Oder umgekehrt.
Das Nämliche gilt von den Christen. Nicht? –   1990
SALADIN. (Bei dem Lebendigen! Der Mann hat Recht.
Ich muss verstummen.)
NATHAN.   Lass auf unsre Ring'
Uns wieder kommen. Wie gesagt: die Söhne
Verklagten sich; und jeder schwur dem Richter,
Unmittelbar aus seines Vaters Hand   1995
Den Ring zu haben. – Wie auch wahr! – Nachdem
Er von ihm lange das Versprechen schon
Gehabt, des Ringes Vorrecht einmal zu
Genießen. – Wie nicht minder wahr! – Der Vater,
Beteu'rte jeder, könne gegen ihn   2000
Nicht falsch gewesen sein; und eh er dieses
Von ihm, von einem solchen lieben Vater,
Argwohnen lass: eh müss er seine Brüder,
So gern er sonst von ihnen nur das Beste
Bereit zu glauben sei, des falschen Spiels   2005
Bezeihen; und er wolle die Verräter
Schon auszufinden wissen; sich schon rächen.
SALADIN. Und nun, der Richter? – Mich verlangt zu hören,
Was du den Richter sagen lässest. Sprich!
NATHAN. Der Richter sprach: Wenn ihr mir nun den Vater   2010

Nicht bald zur Stelle schafft, so weis ich euch
Von meinem Stuhle. Denkt ihr, dass ich Rätsel
Zu lösen da bin? Oder harret ihr,
Bis dass der rechte Ring den Mund eröffne? –
2015 Doch, halt! Ich höre ja, der rechte Ring
Besitzt die Wunderkraft beliebt zu machen;
Vor Gott und Menschen angenehm. Das muss
Entscheiden! Denn die falschen Ringe werden
Doch das nicht können! – Nun; wen lieben zwei
2020 Von euch am meisten? – Macht, sagt an! Ihr schweigt?
Die Ringe wirken nur zurück? und nicht
Nach außen? Jeder liebt sich selber nur
Am meisten? – Oh, so seid ihr alle drei
Betrogene Betrüger! Eure Ringe
2025 Sind alle drei nicht echt. Der echte Ring
Vermutlich ging verloren. Den Verlust
Zu bergen, zu ersetzen, ließ der Vater
Die drei für einen machen.

SALADIN.   Herrlich! Herrlich!

NATHAN. Und also, fuhr der Richter fort, wenn ihr
2030 Nicht meinen Rat, statt meines Spruches, wollt:
Geht nur! – Mein Rat ist aber der: ihr nehmt
Die Sache völlig, wie sie liegt. Hat von
Euch jeder seinen Ring von seinem Vater:
So glaube jeder sicher seinen Ring
2035 Den echten. – Möglich; dass der Vater nun
Die Tyrannei des e i n e n Rings nicht länger
In seinem Hause dulden wollen! – Und gewiss;
Dass er euch alle drei geliebt und gleich
Geliebt: indem er zwei nicht drücken mögen,
2040 Um einen zu begünstigen. – Wohlan!
Es eifre jeder seiner unbestochnen
Von Vorurteilen freien Liebe nach!
Es strebe von euch jeder um die Wette,
Die Kraft des Steins in seinem Ring an Tag
2045 Zu legen! komme dieser Kraft mit Sanftmut,
Mit herzlicher Verträglichkeit, mit Wohltun,
Mit innigster Ergebenheit in Gott
Zu Hilf! Und wenn sich dann der Steine Kräfte
Bei euern Kindes-Kindeskindern äußern:
2050 So lad ich über tausend tausend Jahre
Sie wiederum vor diesen Stuhl. Da wird
Ein weisrer Mann auf diesem Stuhle sitzen,

Als ich und sprechen. Geht! – So sagte der
Bescheidne Richter.

SALADIN.   Gott! Gott!

NATHAN.   Saladin,
Wenn du dich fühlest, dieser weisere   2055
Versprochne Mann zu sein: ...

SALADIN *(der auf ihn zustürzt und seine Hand ergreift, die er
bis zu Ende nicht wieder fahren lässt).*
                         Ich Staub? Ich Nichts?
O Gott!

NATHAN. Was ist dir, Sultan?

SALADIN.   Nathan, lieber Nathan! –
Die tausend tausend Jahre deines Richters
Sind noch nicht um. – Sein Richterstuhl ist nicht
Der meine. – Geh! – Geh! – Aber sei mein Freund.   2060

NATHAN. Und weiter hätte Saladin mir nichts
Zu sagen?

SALADIN. Nichts.

NATHAN.   Nichts?

SALADIN.   Gar nichts. – Und warum?

NATHAN. Ich hätte noch Gelegenheit gewünscht,
Dir eine Bitte vorzutragen.

SALADIN.   Braucht's
Gelegenheit zu einer Bitte? – Rede!   2065

NATHAN. Ich komm von einer weiten Reis, auf welcher
Ich Schulden eingetrieben. – Fast hab ich
Des baren Gelds zu viel. – Die Zeit beginnt
Bedenklich wiederum zu werden; – und
Ich weiß nicht recht, wo sicher damit hin. –   2070
Da dacht' ich, ob nicht du vielleicht, – weil doch
Ein naher Krieg des Geldes immer mehr
Erfodert, – etwas brauchen könntest.

SALADIN *(ihm steif in die Augen sehend).* Nathan! –
Ich will nicht fragen, ob Al-Hafi schon
Bei dir gewesen; – will nicht untersuchen,   2075
Ob dich nicht sonst ein Argwohn treibt, mir dieses
Erbieten freierdings zu tun ...

NATHAN.   Ein Argwohn?

SALADIN. Ich bin ihn wert. – Verzeih mir! – Denn was hilft's?
Ich muss dir nur gestehen, – dass ich im
Begriffe war –   2080

NATHAN.   Doch nicht, das Nämliche
An mich zu suchen?

SALADIN.   Allerdings.
NATHAN.   So wär
   Uns beiden ja geholfen! – Dass ich aber
   Dir alle meine Barschaft nicht kann schicken,
   Das macht der junge Tempelherr. – Du kennst
2085   Ihn ja. – Ihm hab ich eine große Post
   Vorher noch zu bezahlen.
SALADIN.   Tempelherr?
   Du wirst doch meine schlimmsten Feinde nicht
   Mit deinem Geld auch unterstützen wollen?
NATHAN. Ich spreche von dem einen nur, dem du
2090   Das Leben spartest . . .
SALADIN.   Ah! woran erinnerst
   Du mich! – Hab ich doch diesen Jüngling ganz
   Vergessen! – Kennst du ihn? – Wo ist er?
NATHAN.   Wie?
   So weißt du nicht, wie viel von deiner Gnade
   Für ihn, durch ihn auf mich geflossen? Er,
2095   Er mit Gefahr des neu erhaltnen Lebens,
   Hat meine Tochter aus dem Feu'r gerettet.
SALADIN. Er? Hat er das? – Ha! darnach sah er aus.
   Das hätte traun mein Bruder auch getan,
   Dem er so ähnelt! – Ist er denn noch hier?
2100   So bring ihn her! – Ich habe meiner Schwester
   Von diesem ihren Bruder, den sie nicht
   Gekannt, so viel erzählet, dass ich sie
   Sein Ebenbild doch auch muss sehen lassen! –
   Geh, hol ihn! – Wie aus einer guten Tat,
2105   Gebar sie auch schon bloße Leidenschaft,
   Doch so viel andre gute Taten fließen!
   Geh, hol ihn!
NATHAN *(indem er Saladins Hand fahren lässt).*
                    Augenblicks! Und bei dem andern
   Bleibt es doch auch? *(Ab.)*
SALADIN.   Ah! dass ich meine Schwester
   Nicht horchen lassen! – Zu ihr! zu ihr! – Denn
2110   Wie soll ich alles das ihr nun erzählen?
                    (Ab von der andern Seite.)

ACHTER AUFTRITT

Die Szene: unter den Palmen, in der Nähe des Klosters,
wo der Tempelherr Nathans wartet.

TEMPELHERR *(geht, mit sich selbst kämpfend, auf und ab, bis*
er losbricht).
 – Hier hält das Opfertier ermüdet still. –
Nun gut! Ich mag nicht, mag nicht näher wissen,
Was in mir vorgeht; mag voraus nicht wittern,
Was vorgehn wird. – Genug, ich bin umsonst
Geflohn! umsonst. – Und weiter konnt' ich doch   2115
Auch nichts, als fliehn! – Nun komm, was kommen soll! –
Ihm auszubeugen, war der Streich zu schnell
Gefallen; unter den zu kommen, ich
So lang und viel mich weigerte. – Sie sehn,
Die ich zu sehn so wenig lüstern war, –   2120
Sie sehn, und der Entschluss, sie wieder aus
Den Augen nie zu lassen. – Was Entschluss?
Entschluss ist Vorsatz, Tat: und ich, ich litt',
Ich litte bloß. – Sie sehn, und das Gefühl,
An sie verstrickt, in sie verwebt zu sein,   2125
War eins. – Bleibt eins. – Von ihr getrennt
Zu leben, ist mir ganz undenkbar; wär
Mein Tod, – und wo wir immer nach dem Tode
Noch sind, auch da mein Tod. – Ist das nun Liebe:
So – liebt der Tempelritter freilich, – liebt   2130
Der Christ das Judenmädchen freilich. – Hm!
Was tut's? – Ich hab in dem gelobten Lande, –
Und drum auch mir gelobt auf immerdar! –
Der Vorurteile mehr schon abgelegt. –
Was will mein Orden auch? Ich Tempelherr   2135
Bin tot; war von dem Augenblick ihm tot,
Der mich zu Saladins Gefangnen machte.
Der Kopf, den Saladin mir schenkte, wär
Mein alter? – Ist ein neuer; der von allem
Nichts weiß, was jenem eingeplaudert ward,   2140
Was jenen band. – Und ist ein bessrer; für
Den väterlichen Himmel mehr gemacht.
Das spür ich ja. Denn erst mit ihm beginn
Ich so zu denken, wie mein Vater hier
Gedacht muss haben; wenn man Märchen nicht   2145
Von ihm mir vorgelogen. – Märchen? – doch

Ganz glaubliche; die glaublicher mir nie
Als itzt geschienen, da ich nur Gefahr
Zu straucheln laufe, wo er fiel. – Er fiel?
2150   Ich will mit Männern lieber fallen als
Mit Kindern stehn. – Sein Beispiel bürget mir
Für seinen Beifall. Und an wessen Beifall
Liegt mir denn sonst? – An Nathans? – Oh, an dessen
Ermuntrung mehr als Beifall kann es mir
2155   Noch weniger gebrechen. – Welch ein Jude! –
Und der so ganz nur Jude scheinen will!
Da kömmt er; kömmt mit Hast; glüht heitre Freude.
Wer kam vom Saladin je anders? – He!
He, Nathan!

NEUNTER AUFTRITT

Nathan und der Tempelherr.

NATHAN.   Wie? seid Ihr's?
TEMPELHERR.   Ihr habt
2160   Sehr lang Euch bei dem Sultan aufgehalten.
NATHAN. So lange nun wohl nicht. Ich ward im Hingehn
Zu viel verweilt. Ah, wahrlich, Curd, der Mann
Steht seinen Ruhm. Sein Ruhm ist bloß sein Schatten. –
Doch lasst vor allen Dingen Euch geschwind
2165   Nur sagen . . .
TEMPELHERR. Was?
NATHAN.   Er will Euch sprechen; will,
Dass ungesäumt Ihr zu ihm kommt. Begleitet
Mich nur nach Hause, wo ich noch für ihn
Erst etwas anders zu verfügen habe:
Und dann, so gehn wir.
TEMPELHERR.   Nathan, Euer Haus
2170   Betret ich wieder eher nicht . . .
NATHAN.   So seid
Ihr doch indes schon da gewesen? habt
Indes sie doch gesprochen? – Nun? – Sagt: wie
Gefällt Euch Recha?
TEMPELHERR.   Über allen Ausdruck! –
Allein, – sie wieder sehn – das werd ich nie!
2175   Nie! nie! – Ihr müsstet mir zur Stelle denn
Versprechen: – dass ich sie auf immer, immer –

Soll können sehn.
NATHAN.   Wie wollt Ihr, dass ich das
Versteh?
TEMPELHERR *(nach einer kurzen Pause ihm plötzlich um den*
Hals fallend).
          Mein Vater!
NATHAN.   – Junger Mann!
TEMPELHERR *(ihn ebenso plötzlich wieder lassend).*
                              Nicht Sohn? –
Ich bitt Euch, Nathan! –
NATHAN.   Lieber junger Mann!
TEMPELHERR.
Nicht Sohn? – Ich bitt Euch, Nathan! – Ich beschwör   2180
Euch bei den ersten Banden der Natur! –
Zieht ihnen spätre Fesseln doch nicht vor! –
Begnügt Euch doch ein Mensch zu sein! – Stoßt mich
Nicht von Euch!
NATHAN.   Lieber, lieber Freund! . . .
TEMPELHERR.   Und Sohn?
Sohn nicht? – Auch dann nicht, dann nicht einmal, wenn   2185
Erkenntlichkeit zum Herzen Eurer Tochter
Der Liebe schon den Weg gebahnet hätte?
Auch dann nicht einmal, wenn in eins zu schmelzen
Auf Euern Wink nur beide warteten? –
Ihr schweigt?   2190
NATHAN.   Ihr überrascht mich, junger Ritter.
TEMPELHERR. Ich überrasch Euch? – überrasch Euch, Nathan,
Mit Euern eigenen Gedanken? – Ihr
Verkennt sie doch in meinem Munde nicht? –
Ich überrasch Euch?
NATHAN.   Eh ich einmal weiß,
Was für ein Stauffen Euer Vater denn   2195
Gewesen ist!
TEMPELHERR. Was sagt Ihr, Nathan? was? –
In diesem Augenblicke fühlt Ihr nichts
Als Neubegier?
NATHAN.   Denn seht! Ich habe selbst
Wohl einen Stauffen ehedem gekannt,
Der Conrad hieß.   2200
TEMPELHERR.   Nun, – wenn mein Vater denn
Nun ebenso geheißen hätte?
NATHAN.   Wahrlich?
TEMPELHERR. Ich heiße selber ja nach meinem Vater: Curd

Ist Conrad.

NATHAN.   Nun – so war mein Conrad doch
Nicht Euer Vater. Denn mein Conrad war,
2205   Was Ihr; war Tempelherr; war nie vermählt.

TEMPELHERR. O darum!

NATHAN.   Wie?

TEMPELHERR.   O darum könnt er doch
Mein Vater wohl gewesen sein.

NATHAN.   Ihr scherzt.

TEMPELHERR.
Und Ihr nehmt's wahrlich zu genau! – Was war's
Denn nun? So was von Bastard oder Bankert!
2210   Der Schlag ist auch nicht zu verachten. – Doch
Entlasst mich immer meiner Ahnenprobe.
Ich will Euch Eurer wiederum entlassen.
Nicht zwar, als ob ich den geringsten Zweifel
In Euern Stammbaum setzte. Gott behüte!
2215   Ihr könnt ihn Blatt vor Blatt bis Abraham
Hinauf belegen. Und von da so weiter,
Weiß ich ihn selbst; will ich ihn selbst beschwören.

NATHAN. Ihr werdet bitter. – Doch verdien ich's? – Schlug
Ich denn Euch schon was ab? – Ich will Euch ja
2220   Nur bei dem Worte nicht den Augenblick
So fassen. – Weiter nichts.

TEMPELHERR.   Gewiss? – Nichts weiter?
O so vergebt! . . .

NATHAN.   Nun kommt nur, kommt!

TEMPELHERR.   Wohin?
Nein! – Mit in Euer Haus? – Das nicht! das nicht! –
Da brennt's! – Ich will Euch hier erwarten. Geht! –
2225   Soll ich sie wieder sehn: so seh ich sie
Noch oft genug. Wo nicht: so sah ich sie
Schon viel zu viel . . .

NATHAN.   Ich will mich möglichst eilen.

ZEHNTER AUFTRITT

Der Tempelherr und bald darauf Daja.

TEMPELHERR.
Schon mehr als gnug! – Des Menschen Hirn fasst so
Unendlich viel; und ist doch manchmal auch

So plötzlich voll! von einer Kleinigkeit   2230
So plötzlich voll! – Taugt nichts, taugt nichts; es sei
Auch voll, wovon es will. – Doch nur Geduld!
Die Seele wirkt den aufgedunsnen Stoff
Bald ineinander, schafft sich Raum, und Licht
Und Ordnung kommen wieder. – Lieb ich denn   2235
Zum ersten Male? – Oder war, was ich
Als Liebe kenne, Liebe nicht? – Ist Liebe
Nur was ich itzt empfinde? . . .

DAJA *(die sich von der Seite herbeigeschlichen)*.
                              Ritter! Ritter!

TEMPELHERR. Wer ruft? – Ha, Daja, Ihr?

DAJA.   Ich habe mich
Bei ihm vorbeigeschlichen. Aber noch   2240
Könnt er uns sehn, wo Ihr da steht. – Drum kommt
Doch näher zu mir, hinter diesen Baum.

TEMPELHERR.
Was gibt's denn? – So geheimnisvoll? – Was ist's?

DAJA. Ja wohl betrifft es ein Geheimnis, was
Mich zu Euch bringt; und zwar ein doppeltes.   2245
Das eine weiß nur ich, das andre wisst
Nur Ihr. – Wie wär es, wenn wir tauschten?
Vertraut mir Euers: so vertrau ich Euch
Das meine.

TEMPELHERR. Mit Vergnügen. – Wenn ich nur
Erst weiß, was Ihr für meines achtet. Doch   2250
Das wird aus Euerm wohl erhellen. – Fangt
Nur immer an.

DAJA.   Ei denkt doch! – Nein, Herr Ritter:
Erst Ihr; ich folge. – Denn versichert, mein
Geheimnis kann Euch gar nichts nutzen, wenn
Ich nicht zuvor das Eure habe. – Nur   2255
Geschwind! – Denn frag ich's Euch erst ab: so habt
Ihr nichts vertrauet. Mein Geheimnis dann
Bleibt mein Geheimnis; und das Eure seid
Ihr los. – Doch armer Ritter! – Dass Ihr Männer
Ein solch Geheimnis vor uns Weibern haben   2260
Zu können auch nur glaubt!

TEMPELHERR.   Das wir zu haben
Oft selbst nicht wissen.

DAJA.   Kann wohl sein. Drum muss
Ich freilich erst, Euch selbst damit bekannt
Zu machen, schon die Freundschaft haben. – Sagt:

2265 Was hieß denn das, dass Ihr so Knall und Fall
Euch aus dem Staube machtet? dass Ihr uns
So sitzen ließet? – dass Ihr nun mit Nathan
Nicht wiederkommt? – Hat Recha denn so wenig
Auf Euch gewirkt? wie? oder auch so viel? –
2270 So viel! so viel! – Lehrt Ihr des armen Vogels,
Der an der Rute klebt, Geflattre mich
Doch kennen! – Kurz: gesteht es mir nur gleich,
Dass Ihr sie liebt, liebt bis zum Unsinn; und
Ich sag Euch was ...
TEMPELHERR.   Zum Unsinn? wahrlich; Ihr
2275 Versteht Euch trefflich drauf.
DAJA.   Nun gebt mir nur
Die Liebe zu; den Unsinn will ich Euch
Erlassen.
TEMPELHERR. Weil er sich von selbst versteht? –
Ein Tempelherr ein Judenmädchen lieben! ...
DAJA. Scheint freilich wenig Sinn zu haben. – Doch
2280 Zuweilen ist des Sinns in einer Sache
Auch mehr, als wir vermuten; und es wäre
So unerhört doch nicht, dass uns der Heiland
Auf Wegen zu sich zöge, die der Kluge
Von selbst nicht leicht betreten würde.
TEMPELHERR.   Das
2285 So feierlich? – (Und setz ich statt des Heilands
Die Vorsicht: hat sie denn nicht Recht? –) Ihr macht
Mich neubegieriger, als ich wohl sonst
Zu sein gewohnt bin.
DAJA.   Oh! das ist das Land
Der Wunder!
TEMPELHERR. (Nun! – des Wunderbaren. Kann
2290 Es auch wohl anders sein? Die ganze Welt
Drängt sich ja hier zusammen.) – Liebe Daja,
Nehmt für gestanden an, was Ihr verlangt:
Dass ich sie liebe, dass ich nicht begreife,
Wie ohne sie ich leben werde; dass ...
2295 DAJA. Gewiss? gewiss? – So schwört mir, Ritter, sie
Zur Eurigen zu machen; sie zu retten:
Sie zeitlich hier, sie ewig dort zu retten.
TEMPELHERR.
Und wie? – Wie kann ich? – Kann ich schwören, was
In meiner Macht nicht steht?
DAJA.   In Eurer Macht

Steht es. Ich bring es durch ein einzig Wort   2300
In Eure Macht.
TEMPELHERR. Dass selbst der Vater nichts
Dawider hätte?
DAJA.   Ei, was Vater! Vater!
Der Vater soll schon müssen.
TEMPELHERR.   Müssen, Daja? –
Noch ist er unter Räuber nicht gefallen. –
Er muss nicht müssen.   2305
DAJA.   Nun, so muss er wollen;
Muss gern am Ende wollen.
TEMPELHERR.   Muss und gern! –
Doch, Daja, wenn ich Euch nun sage, dass
Ich selber diese Sait ihm anzuschlagen
Bereits versucht?
DAJA.   Was? und er fiel nicht ein?
TEMPELHERR. Er fiel mit einem Misslaut ein, der mich –   2310
Beleidigte.
DAJA.   Was sagt Ihr? – Wie? – Ihr hättet
Den Schatten eines Wunsches nur nach Recha
Ihm blicken lassen: und er wär vor Freuden
Nicht aufgesprungen? hätte frostig sich
Zurückgezogen? hätte Schwierigkeiten   2315
Gemacht?
TEMPELHERR. So ungefähr.
DAJA.   So will ich denn
Mich länger keinen Augenblick bedenken – *(Pause.)*
TEMPELHERR. Und Ihr bedenkt Euch doch?
DAJA.   Der Mann ist sonst
So gut! – Ich selber bin so viel ihm schuldig! –
Dass er doch gar nicht hören will! – Gott weiß,   2320
Das Herze blutet mir, ihn so zu zwingen.
TEMPELHERR. Ich bitt Euch, Daja, setzt mich kurz und gut
Aus dieser Ungewissheit. Seid Ihr aber
Noch selber ungewiss; ob, was Ihr vorhabt,
Gut oder böse, schändlich oder löblich   2325
Zu nennen: – schweigt! Ich will vergessen, dass
Ihr etwas zu verschweigen habt.
DAJA.   Das spornt,
Anstatt zu halten. Nun; so wisst denn: Recha
Ist keine Jüdin; ist – ist eine Christin.
TEMPELHERR *(kalt)*.
So? Wünsch Euch Glück! Hat's schwer gehalten? Lasst   2330

Euch nicht die Wehen schrecken! – Fahret ja
Mit Eifer fort, den Himmel zu bevölkern;
Wenn Ihr die Erde nicht mehr könnt!
DAJA.   Wie, Ritter?
Verdienet meine Nachricht diesen Spott?
2335   Dass Recha eine Christin ist: das freuet
Euch, einen Christen, einen Tempelherrn,
Der Ihr sie liebt, nicht mehr?
TEMPELHERR.   Besonders, da
Sie eine Christin ist von Eurer Mache.
DAJA. Ah! so versteht Ihr's? So mag's gelten! – Nein!
2340   Den will ich sehn, der die bekehren soll!
Ihr Glück ist, längst zu sein, was sie zu werden
Verdorben ist.
TEMPELHERR. Erklärt Euch oder – geht!
DAJA. Sie ist ein Christenkind, von Christeneltern
Geboren; ist getauft ...
TEMPELHERR *(hastig)*. Und Nathan?
DAJA.   Nicht
2345   Ihr Vater!
TEMPELHERR. Nathan nicht ihr Vater? – Wisst
Ihr, was Ihr sagt?
DAJA.   Die Wahrheit, die so oft
Mich blut'ge Tränen weinen machen. – Nein,
Er ist ihr Vater nicht ...
TEMPELHERR.   Und hätte sie
Als seine Tochter nur erzogen? hätte
2350   Das Christenkind als eine Jüdin sich
Erzogen?
DAJA.   Ganz gewiss.
TEMPELHERR.   Sie wüsste nicht,
Was sie geboren sei? – Sie hätt es nie
Von ihm erfahren, dass sie eine Christin
Geboren sei und keine Jüdin?
DAJA.   Nie!
2355   TEMPELHERR. Er hätt in diesem Wahne nicht das Kind
Bloß auferzogen? ließ das Mädchen noch
In diesem Wahne?
DAJA.   Leider!
TEMPELHERR.   Nathan – Wie? –
Der weise gute Nathan hätte sich
Erlaubt, die Stimme der Natur so zu
2360   Verfälschen? – Die Ergießung eines Herzens

So zu verlenken, die, sich selbst gelassen,
Ganz andre Wege nehmen würde? – Daja,
Ihr habt mir allerdings etwas vertraut –
Von Wichtigkeit, – was Folgen haben kann, –
Was mich verwirrt, – worauf ich gleich nicht weiß,   2365
Was mir zu tun. – Drum lasst mir Zeit. – Drum geht!
Er kömmt hier wiederum vorbei. Er möcht
Uns überfallen. Geht!
DAJA.   Ich wär des Todes!
TEMPELHERR. Ich bin ihn itzt zu sprechen ganz und gar
Nicht fähig. Wenn Ihr ihm begegnet, sagt   2370
Ihm nur, dass wir einander bei dem Sultan
Schon finden würden.
DAJA.   Aber lasst Euch ja
Nichts merken gegen ihn. – Das soll nur so
Den letzten Druck dem Dinge geben; soll
Euch, Rechas wegen, alle Skrupel nur   2375
Benehmen! – Wenn Ihr aber dann sie nach
Europa führt: so lasst Ihr doch mich nicht
Zurück?
TEMPELHERR. Das wird sich finden. Geht nur, geht!

VIERTER AUFZUG

ERSTER AUFTRITT

Szene: in den Kreuzgängen des Klosters.

Der Klosterbruder und bald darauf der Tempelherr.

KLOSTERBRUDER. Ja, ja! er hat schon Recht, der Patriarch!
Es hat mir freilich noch von alledem
Nicht viel gelingen wollen, was er mir
So aufgetragen. – Warum trägt er mir
Auch lauter solche Sachen auf? – Ich mag
Nicht fein sein; mag nicht überreden; mag
Mein Näschen nicht in alles stecken; mag
Mein Händchen nicht in allem haben. – Bin
Ich darum aus der Welt geschieden, ich
Für mich, um mich für andre mit der Welt
Noch erst recht zu verwickeln?
TEMPELHERR *(mit Hast auf ihn zukommend).* Guter Bruder!
Da seid Ihr ja. Ich hab Euch lange schon
Gesucht.
KLOSTERBRUDER. Mich, Herr?
TEMPELHERR.   Ihr kennt mich schon nicht mehr?
KLOSTERBRUDER.
Doch, doch! Ich glaubte nur, dass ich den Herrn
In meinem Leben wieder nie zu sehn
Bekommen würde. Denn ich hofft' es zu
Dem lieben Gott. – Der liebe Gott, der weiß,
Wie sauer mir der Antrag ward, den ich
Dem Herrn zu tun verbunden war. Er weiß,
Ob ich gewünscht, ein offnes Ohr bei Euch
Zu finden; weiß, wie sehr ich mich gefreut,
Im Innersten gefreut, dass Ihr so rund
Das alles, ohne viel Bedenken, von
Euch wies't, was einem Ritter nicht geziemt. –
Nun kommt Ihr doch; nun hat's doch nachgewirkt!
TEMPELHERR. Ihr wisst es schon, warum ich komme? Kaum
Weiß ich es selbst.
KLOSTERBRUDER. Ihr habt's nun überlegt;
Habt nun gefunden, dass der Patriarch
So Unrecht doch nicht hat; dass Ehr und Geld
durch seinen Anschlag zu gewinnen; dass

Ein Feind ein Feind ist, wenn er unser Engel
Auch sieben Mal gewesen wäre. Das,   2410
Das habt Ihr nun mit Fleisch und Blut erwogen,
Und kommt und tragt Euch wieder an. – Ach Gott!
TEMPELHERR.
Mein frommer, lieber Mann! gebt Euch zufrieden.
Deswegen komm ich nicht; deswegen will
Ich nicht den Patriarchen sprechen. Noch,   2415
Noch denk ich über jenen Punkt, wie ich
Gedacht, und wollt' um alles in der Welt
Die gute Meinung nicht verlieren, deren
Mich ein so grader, frommer, lieber Mann
Einmal gewürdiget. – Ich komme bloß,   2420
Den Patriarchen über eine Sache
Um Rat zu fragen …
KLOSTERBRUDER. Ihr den Patriarchen?
Ein Ritter, einen – Pfaffen? *(Sich schüchtern umsehend.)*
TEMPELHERR.   Ja; – die Sach
Ist ziemlich pfäffisch.
KLOSTERBRUDER. Gleichwohl fragt der Pfaffe
Den Ritter nie, die Sache sei auch noch   2425
So ritterlich.
TEMPELHERR. Weil er das Vorrecht hat,
Sich zu vergehn; das unsereiner ihm
Nicht sehr beneidet. – Freilich, wenn ich nur
Für mich zu handeln hätte; freilich, wenn
Ich Rechenschaft nur mir zu geben hätte: 2430
Was braucht ich Euers Patriarchen? Aber
Gewisse Dinge will ich lieber schlecht
Nach andrer Willen machen als allein
Nach meinem gut. – Zudem, ich seh nun wohl,
Religion ist auch Partei; und wer   2435
Sich drob auch noch so unparteiisch glaubt,
Hält, ohn es selbst zu wissen, doch nur seiner
Die Stange. Weil das einmal nun so ist:
Wird's so wohl recht sein.
KLOSTERBRUDER.   Dazu schweig ich lieber.
Denn ich versteh den Herrn nicht recht.   2440
TEMPELHERR.   Und doch! –
(Lass sehn, warum mir eigentlich zu tun!
Um Machtspruch oder Rat? – Um lautern oder
Gelehrten Rat?) – Ich dank Euch, Bruder; dank
Euch für den guten Wink. – Was Patriarch? –

2445 Seid Ihr mein Patriarch! Ich will ja doch
Den Christen mehr im Patriarchen, als
Den Patriarchen in dem Christen fragen. –
Die Sach ist die . . .
KLOSTERBRUDER. Nicht weiter, Herr, nicht weiter!
Wozu? – Der Herr verkennt mich. – Wer viel weiß,
2450 Hat viel zu sorgen; und ich habe ja
Mich einer Sorge nur gelobt. – O gut!
Hört! seht! Dort kömmt, zu meinem Glück, er selbst.
Bleibt hier nur stehn. Er hat Euch schon erblickt.

ZWEITER AUFTRITT

Der Patriarch, welcher mit allem geistlichen Pomp den
einen Kreuzgang heraufkömmt, und die Vorigen.

TEMPELHERR.
Ich wich ihm lieber aus. – Wär nicht mein Mann! –
2455 Ein dicker, roter, freundlicher Prälat!
Und welcher Prunk!
KLOSTERBRUDER. Ihr solltet ihn erst sehn
Nach Hofe sich erheben. Itzo kömmt
Er nur von einem Kranken.
TEMPELHERR.   Wie sich da
Nicht Saladin wird schämen müssen!
PATRIARCH *(indem er näher kömmt, winkt dem Bruder).*
                                        Hier! –
2460 Das ist ja wohl der Tempelherr. Was will
Er?
KLOSTERBRUDER. Weiß nicht.
PATRIARCH *(auf ihn zugehend, indem der Bruder und das*
Gefolge zurücktreten).
                    Nun, Herr Ritter! – Sehr erfreut,
Den braven jungen Mann zu sehn! – Ei, noch
So gar jung! – Nun, mit Gottes Hilfe, daraus
Kann etwas werden.
TEMPELHERR.   Mehr, ehrwürd'ger Herr,
2465 Wohl schwerlich, als schon ist. Und eher noch,
Was weniger.
PATRIARCH. Ich wünsche wenigstens,
Dass so ein frommer Ritter lange noch
Der lieben Christenheit, der Sache Gottes

Zu Ehr und Frommen blühn und grünen möge!
Das wird denn auch nicht fehlen, wenn nur fein   2470
Die junge Tapferkeit dem reifen Rate
Des Alters folgen will! – Womit wär sonst
Dem Herrn zu dienen?
TEMPELHERR.   Mit dem Nämlichen,
Woran es meiner Jugend fehlt: mit Rat.
PATRIARCH. Recht gern! – Nur ist der Rat auch anzunehmen.   2475
TEMPELHERR. Doch blindlings nicht?
PATRIARCH.   Wer sagt denn das? – Ei, freilich
Muss niemand die Vernunft, die Gott ihm gab,
Zu brauchen unterlassen, – wo sie hin-
Gehört. – Gehört sie aber überall
Denn hin? – O nein! – Zum Beispiel: wenn uns Gott   2480
Durch einen seiner Engel, – ist zu sagen:
Durch einen Diener seines Worts, – ein Mittel
Bekannt zu machen würdiget, das Wohl
Der ganzen Christenheit, das Heil der Kirche,
Auf irgendeine ganz besondre Weise   2485
Zu fördern, zu befestigen: wer darf
Sich da noch unterstehn, die Willkür des,
Der die Vernunft erschaffen, nach Vernunft
Zu untersuchen? und das ewige
Gesetz der Herrlichkeit des Himmels, nach   2490
Den kleinen Regeln einer eiteln Ehre
Zu prüfen? – Doch hiervon genug. – Was ist
Es denn, worüber unsern Rat für itzt
Der Herr verlangt?
TEMPELHERR.   Gesetzt, ehrwürd'ger Vater,
Ein Jude hätt ein einzig Kind, – es sei   2495
Ein Mädchen, – das er mit der größten Sorgfalt
Zu allem Guten auferzogen, das
Er liebe mehr als seine Seele, das
Ihn wieder mit der frömmsten Liebe liebe.
Und nun würd unsereinem hinterbracht,   2500
Dies Mädchen sei des Juden Tochter nicht;
Er hab es in der Kindheit aufgelesen,
Gekauft, gestohlen, – was Ihr wollt; man wisse,
Das Mädchen sei ein Christenkind und sei
Getauft; der Jude hab es nur als Jüdin   2505
Erzogen; lass es nur als Jüdin und
Als seine Tochter so verharren: – sagt,
Ehrwürd'ger Vater, was wär hierbei wohl

Zu tun?

PATRIARCH. Mich schaudert! – Doch zu allererst

.2510   Erkläre sich der Herr, ob so ein Fall
Ein Faktum oder eine Hypothes.
Das ist zu sagen: ob der Herr sich das
Nur bloß so dichtet, oder ob's geschehn,
Und fortfährt zu geschehn.

TEMPELHERR.   Ich glaubte, das

2515   Sei eins, um Euer Hochehrwürden Meinung
Bloß zu vernehmen.

PATRIARCH.   Eins? – Da seh der Herr,
Wie sich die stolze menschliche Vernunft
Im Geistlichen doch irren kann – Mitnichten!
Denn ist der vorgetragne Fall nur so

2520   Ein Spiel des Witzes: so verlohnt es sich
Der Mühe nicht, im Ernst ihn durchzudenken.
Ich will den Herrn damit auf das Theater
Verwiesen haben, wo dergleichen pro
Et contra sich mit vielem Beifall könnte

2525   Behandeln lassen. – Hat der Herr mich aber
Nicht bloß mit einer theatral'schen Schnurre
Zum Besten, ist der Fall ein Faktum; hätt
Er sich wohl gar in unsrer Diözes,
In unsrer lieben Stadt Jerusalem,

2530   Ereignet: – ja alsdann –

TEMPELHERR.   Und was alsdann?

PATRIARCH. Dann wäre an dem Juden fördersamst
Die Strafe zu vollziehn, die päpstliches
Und kaiserliches Recht so einem Frevel,
So einer Lastertat bestimmen.

TEMPELHERR.   So?

2535   PATRIARCH. Und zwar bestimmen obbesagte Rechte
Dem Juden, welcher einen Christen zur
Apostasie verführt, – den Scheiterhaufen, –
Den Holzstoß –

TEMPELHERR. So?

PATRIARCH.   Und wie viel mehr dem Juden,
Der mit Gewalt ein armes Christenkind

2540   Dem Bunde seiner Tauf entreißt! Denn ist
Nicht alles, was man Kindern tut, Gewalt? –
Zu sagen: – ausgenommen, was die Kirch
An Kindern tut.

TEMPELHERR. Wenn aber nun das Kind,

Erbarmte seiner sich der Jude nicht,
Vielleicht im Elend umgekommen wäre?   2545
PATRIARCH.
Tut nichts! der Jude wird verbrannt! – Denn besser,
Es wäre hier im Elend umgekommen,
Als dass zu seinem ewigen Verderben
Es so gerettet ward. – Zudem, was hat
Der Jude Gott denn vorzugreifen? Gott   2550
Kann, wen er retten will, schon ohn ihn retten.
TEMPELHERR.
Auch trotz ihm sollt ich meinen – selig machen.
PATRIARCH. Tut nichts! der Jude wird verbrannt.
TEMPELHERR.   Das geht
Mir nah! Besonders, da man sagt, er habe
Das Mädchen nicht sowohl in seinem, als   2555
Vielmehr in keinem Glauben auferzogen,
Und sie von Gott nicht mehr, nicht weniger
Gelehrt, als der Vernunft genügt.
PATRIARCH.   Tut nichts!
Der Jude wird verbrannt ... Ja, wär allein
Schon dieserwegen wert, drei Mal verbrannt   2560
Zu werden! – Was? ein Kind ohn allen Glauben
Erwachsen lassen? – Wie? die große Pflicht
Zu glauben, ganz und gar ein Kind nicht lehren?
Das ist zu arg! Mich wundert sehr, Herr Ritter,
Euch selbst ...   2565
TEMPELHERR. Ehrwürd'ger Herr, das Übrige,
Wenn Gott will, in der Beichte. *(Will gehn.)*
PATRIARCH.   Was? mir nun
Nicht einmal Rede stehn? – Den Bösewicht,
Den Juden mir nicht nennen? – mir ihn nicht
Zur Stelle schaffen? – Oh, da weiß ich Rat!
Ich geh sogleich zum Sultan. – Saladin,   2570
Vermöge der Kapitulation,
Die er beschworen, muss uns, muss uns schützen;
Bei allen Rechten, allen Lehren schützen,
Die wir zu unsrer allerheiligsten
Religion nur immer rechnen dürfen!   2575
Gottlob! wir haben das Original.
Wir haben seine Hand, sein Siegel. Wir! –
Auch mach ich ihm gar leicht begreiflich, wie
Gefährlich selber für den Staat es ist,
Nichts glauben! Alle bürgerliche Bande   2580

Sind aufgelöset, sind zerrissen, wenn
Der Mensch nichts glauben darf. – Hinweg! hinweg
Mit solchem Frevel! …
TEMPELHERR.   Schade, dass ich nicht
Den trefflichen Sermon mit bess'rer Muße
2585 Genießen kann! Ich bin zum Saladin
Gerufen.
PATRIARCH. Ja? – Nun so – Nun freilich – Dann –
TEMPELHERR. Ich will den Sultan vorbereiten, wenn
Es Eurer Hochehrwürden so gefällt.
PATRIARCH.
Oh, oh! Ich weiß, der Herr hat Gnade funden
2590 Vor Saladin! – Ich bitte meiner nur
Im Besten bei ihm eingedenk zu sein. –
Mich treibt der Eifer Gottes lediglich.
Was ich zu viel tu, tu ich ihm. – Das wolle
Doch ja der Herr erwägen! – Und nicht wahr,
2595 Herr Ritter? das vorhin Erwähnte von
Dem Juden, war nur ein Problema? – ist
Zu sagen –
TEMPELHERR. Ein Problema. *(Geht ab.)*
PATRIARCH.   (Dem ich tiefer
Doch auf den Grund zu kommen suchen muss,
Das wär so wiederum ein Auftrag fur
2600 Den Bruder Bonafides.) – Hier, mein Sohn!
      (Er spricht im Abgehn mit dem Klosterbruder.)

DRITTER AUFTRITT

*Szene: ein Zimmer im Palaste des Saladin, in welches
von Sklaven eine Menge Beutel getragen, und auf dem
Boden nebeneinander gestellt werden.*

Saladin und bald darauf Sittah.

SALADIN *(der dazukömmt).*
Nun wahrlich! das hat noch kein Ende. – Ist
Des Dings noch viel zurück?
EIN SKLAVE.   Wohl noch die Hälfte.
SALADIN. So tragt das Übrige zu Sittah. – Und
Wo bleibt Al-Hafi? Das hier soll sogleich
2605 Al-Hafi zu sich nehmen. – Oder ob

Ich's nicht vielmehr dem Vater schicke? Hier
Fällt mir es doch nur durch die Finger. – Zwar
Man wird wohl endlich hart; und nun gewiss
Soll's Künste kosten, mir viel abzuzwacken.
Bis wenigstens die Gelder aus Ägypten   2610
Zur Stelle kommen, mag das Armut sehn,
Wie's fertig wird! – Die Spenden bei dem Grabe,
Wenn die nur fortgehn! Wenn die Christenpilger
Mit leeren Händen nur nicht abziehn dürfen!
Wenn nur –   2615

SITTAH.   Was soll nun das? Was soll das Geld
Bei mir?

SALADIN. Mach dich davon bezahlt und leg
Auf Vorrat, wenn was übrig bleibt.

SITTAH.   Ist Nathan
Noch mit dem Tempelherrn nicht da?

SALADIN.   Er sucht
Ihn allerorten.

SITTAH.   Sieh doch, was ich hier,
Indem mir so mein alt Geschmeide durch   2620
Die Hände geht, gefunden. *(Ihm ein klein Gemälde zeigend.)*

SALADIN.   Ha! mein Bruder!
Das ist er, ist er! – War er! war er! ah! –
Ah wackrer lieber Junge, dass ich dich
So früh verlor! Was hätt ich erst mit dir,
An deiner Seite erst unternommen! – Sittah,   2625
Lass mir das Bild. Auch kenn ich's schon: er gab
Es deiner ältern Schwester, seiner Lilla,
Die eines Morgens ihn so ganz und gar
Nicht aus den Armen lassen wollt'. Es war
Der letzte, den er ausritt. – Ah, ich ließ   2630
Ihn reiten, und allein! – Ah, Lilla starb
Vor Gram, und hat mir's nie vergeben, dass
Ich so allein ihn reiten lassen. – Er
Blieb weg!

SITTAH.   Der arme Bruder!

SALADIN.   Lass nur gut
Sein! – Einmal bleiben wir doch alle weg! –   2635
Zudem, – wer weiß? Der Tod ist's nicht allein,
Der einem Jüngling seiner Art das Ziel
Verrückt. Er hat der Feinde mehr; und oft
Erliegt der Stärkste gleich dem Schwächsten. – Nun,
Sei wie ihm sei! – Ich muss das Bild doch mit   2640

Dem jungen Tempelherrn vergleichen; muss
Doch sehn, wie viel mich meine Phantasie
Getäuscht.
SITTAH.   Nur darum bring ich's. Aber gib
Doch, gib! Ich will dir das wohl sagen; das
2645   Versteht ein weiblich Aug am besten.
SALADIN *(zu einem Türsteher, der hereintritt)*. Wer
Ist da? – der Tempelherr? – Er komm!
SITTAH.   Euch nicht
Zu stören: ihn mit meiner Neugier nicht
Zu irren –
*(Sie setzt sich seitwärts auf einen Sofa und lässt den Schleier
fallen.)*
SALADIN. Gut so! gut! – (Und nun sein Ton!
Wie der wohl sein wird! – Assads Ton
2650   Schläft auch wohl wo in meiner Seele noch!)

VIERTER AUFTRITT

Der Tempelherr und Saladin.

TEMPELHERR. Ich, dein Gefangner, Sultan ...
SALADIN.   Mein Gefangner?
Wem ich das Leben schenke, werd ich dem
Nicht auch die Freiheit schenken?
TEMPELHERR.   Was dir ziemt
Zu tun, ziemt mir erst zu vernehmen, nicht
2655   Vorauszusetzen. Aber, Sultan, – Dank,
Besondern Dank dir für mein Leben zu
Beteuern, stimmt mit meinem Stand und meinem
Charakter nicht. – Es steht in allen Fällen
Zu deinen Diensten wieder.
SALADIN.   Brauch es nur
2660   Nicht wider mich! – Zwar ein paar Hände mehr,
Die gönnt ich meinem Feinde gern. Allein
Ihm so ein Herz auch mehr zu gönnen, fällt
Mir schwer. – Ich habe mich mit dir in nichts
Betrogen, braver junger Mann! Du bist
2665   Mit Seel und Leib mein Assad. Sieh! ich könnte
Dich fragen: wo du denn die ganze Zeit
Gesteckt? in welcher Höhle du geschlafen?
In welchem Ginnistan, von welcher guten

Dir diese Blume fort und fort so frisch
Erhalten worden? Sieh! ich könnte dich   2670
Erinnern wollen, was wir dort und dort
Zusammen ausgeführt. Ich könnte mit
Dir zanken, dass du ein Geheimnis doch
Vor mir gehabt! ein Abenteuer mir
Doch unterschlagen: – Ja das könnt ich, wenn   2675
Ich dich nur säh und nicht auch mich. – Nun, mag's!
Von dieser süßen Träumerei ist immer
Doch so viel wahr, dass mir in meinem Herbst
Ein Assad wieder blühen soll. – Du bist
Es doch zufrieden, Ritter?   2680
TEMPELHERR.   Alles, was
Von dir mir kömmt, – sei was es will – das lag
Als Wunsch in meiner Seele.
SALADIN.   Lass uns das
Sogleich versuchen. – Bliebst du wohl bei mir?
Um mir? – Als Christ, als Muselmann: gleichviel!
Im weißen Mantel oder Jamerlonk;   2685
Im Tulban oder deinem Filze: wie
Du willst! Gleichviel! Ich habe nie verlangt,
Dass allen Bäumen eine Rinde wachse.
TEMPELHERR.
Sonst wärst du wohl auch schwerlich, der du bist:
Der Held, der lieber Gottes Gärtner wäre.   2690
SALADIN.
Nun dann; wenn du nicht schlechter von mir denkst:
So wären wir ja halb schon richtig?
TEMPELHERR.   Ganz!
SALADIN *(ihm die Hand bietend).*   Ein Wort?
TEMPELHERR *(einschlagend).*
Ein Mann! – Hiermit empfange mehr,
Als du mir nehmen konntest. Ganz der deine!
SALADIN. Zu viel Gewinn für einen Tag! zu viel! –   2695
Kam er nicht mit?
TEMPELHERR.   Wer?
SALADIN.   Nathan.
TEMPELHERR *(frostig).*   Nein. Ich kam
Allein.
SALADIN. Welch eine Tat von dir! Und welch
Ein weises Glück, dass eine solche Tat
Zum Besten eines solchen Mannes ausschlug!
TEMPELHERR. Ja, ja!   2700

SALADIN. So kalt? – Nein, junger Mann! wenn Gott
         Was Gutes durch uns tut, muss man so kalt
         Nicht sein! – selbst aus Bescheidenheit so kalt
         Nicht scheinen wollen!
TEMPELHERR.   Dass doch in der Welt
         Ein jedes Ding so manche Seiten hat! –
2705   Von denen oft sich gar nicht denken lässt,
         Wie sie zusammenpassen!
SALADIN.   Halte dich
         Nur immer an die best' und preise Gott!
         Der weiß, wie sie zusammenpassen. – Aber,
         Wenn du so schwierig sein willst, junger Mann:
2710   So werd auch ich ja wohl auf meiner Hut
         Mich mit dir halten müssen? Leider bin
         Auch ich ein Ding von vielen Seiten, die
         Oft nicht so recht zu passen scheinen mögen.
TEMPELHERR.
         Das schmerzt! – Denn Argwohn ist so wenig sonst
2715   Mein Fehler –
SALADIN.   Nun, so sage doch, mit wem
         Du's hast? – Es schien ja gar, mit Nathan. Wie?
         Auf Nathan Argwohn? du? – Erklär dich! sprich!
         Komm, gib mir deines Zutrauns erste Probe.
TEMPELHERR. Ich habe wider Nathan nichts. Ich zürn
2720   Allein mit mir –
SALADIN.   Und über was?
TEMPELHERR.   Dass mir
         Geträumt, ein Jude könn auch wohl ein Jude
         Zu sein verlernen; dass mir wachend so
         Geträumt.
SALADIN. Heraus mit diesem wachen Traume!
TEMPELHERR. Du weißt von Nathans Tochter, Sultan. Was
2725   Ich für sie tat, das tat ich, – weil ich's tat.
         Zu stolz, Dank einzuernten, wo ich ihn
         Nicht säete, verschmäht' ich Tag für Tag,
         Das Mädchen noch einmal zu sehn. Der Vater
         War fern; er kömmt; er hört; er sucht mich auf;
2730   Er dankt; er wünscht, dass seine Tochter mir
         Gefallen möge; spricht von Aussicht, spricht
         Von heitern Fernen. – Nun, ich lasse mich
         Beschwatzen, komme, sehe, finde wirklich
         Ein Mädchen ... Ah, ich muss mich schämen, Sultan! –
2735 SALADIN. Dich schämen? – dass ein Judenmädchen auf

Dich Eindruck machte: doch wohl nimmermehr?
TEMPELHERR. Dass diesem Eindruck, auf das liebliche
   Geschwätz des Vaters hin, mein rasches Herz
   So wenig Widerstand entgegensetzte! –
   Ich Tropf! ich sprang zum zweiten Mal ins Feuer. –   2740
   Denn nun warb i c h, und nun ward i c h verschmäht.
SALADIN. Verschmäht?
TEMPELHERR.   Der weise Vater schlägt nun wohl
   Mich platterdings nicht aus. Der weise Vater
   Muss aber doch sich erst erkunden, erst
   Besinnen. Allerdings! Tat ich denn das   2745
   Nicht auch? Erkundete, besann ich denn
   Mich erst nicht auch, als sie im Feuer schrie? –
   Fürwahr! bei Gott! Es ist doch gar was Schönes,
   So weise, so bedächtig sein!
SALADIN.   Nun, nun!
   So sieh doch einem Alten etwas nach!   2750
   Wie lange können seine Weigerungen
   Denn dauern? Wird er denn von dir verlangen,
   Dass du erst Jude werden sollst?
TEMPELHERR.   Wer weiß!
SALADIN. Wer weiß? – der diesen Nathan besser kennt.
TEMPELHERR. Der Aberglaub, in dem wir aufgewachsen,   2755
   Verliert, auch wenn wir ihn erkennen, darum
   Doch seine Macht nicht über uns. – Es sind
   Nicht alle frei, die ihrer Ketten spotten.
SALADIN.
   Sehr reif bemerkt! Doch Nathan wahrlich, Nathan ...
TEMPELHERR. Der Aberglauben schlimmster ist, den seinen   2760
   Für den erträglichern zu halten ...
SALADIN.   Mag
   Wohl sein! Doch Nathan ...
TEMPELHERR.   Dem allein
   Die blöde Menschheit zu vertrauen, bis
   Sie hellern Wahrheitstag gewöhne; dem
   Allein ...   2765
SALADIN. Gut! Aber Nathan! – Nathans Los
   Ist diese Schwachheit nicht.
TEMPELHERR.   So dacht' ich auch! ...
   Wenn gleichwohl dieser Ausbund aller Menschen
   So ein gemeiner Jude wäre, dass
   Er Christenkinder zu bekommen suche,
   Um sie als Juden aufzuziehn: – wie dann?   2770

SALADIN.
Wer sagt ihm so was nach?

TEMPELHERR.   Das Mädchen selbst,
Mit welcher er mich körnt, mit deren Hoffnung
Er gern mir zu bezahlen schiene, was
Ich nicht umsonst für sie getan soll haben: –
2775 Dies Mädchen selbst ist seine Tochter – nicht;
Ist ein verzettelt Christenkind.

SALADIN.   Das er
Dem ungeachtet dir nicht geben wollte?

TEMPELHERR *(heftig)*. Woll oder wolle nicht! Er ist entdeckt.
Der tolerante Schwätzer ist entdeckt!
2780 Ich werde hinter diesen jüd'schen Wolf
Im philosoph'schen Schafpelz Hunde schon
Zu bringen wissen, die ihn zausen sollen!

SALADIN *(ernst)*. Sei ruhig, Christ!

TEMPELHERR.   Was? ruhig Christ? – Wenn Jud
Und Muselmann auf Jud, auf Muselmann
2785 Bestehen: soll allein der Christ den Christen
Nicht machen dürfen?

SALADIN *(noch ernster)*. Ruhig, Christ!

TEMPELHERR *(gelassen)*.   Ich fühle
Des Vorwurfs ganze Last, – die Saladin
In diese Silbe presst! Ah, wenn ich wüsste,
Wie Assad, – Assad sich an meiner Stelle
2790 Hierbei genommen hätte!

SALADIN.   Nicht viel besser! –
Vermutlich ganz so brausend! – Doch, wer hat
Denn dich auch schon gelehrt, mich so wie er
Mit e i n e m Worte zu bestechen? Freilich,
Wenn alles sich verhält, wie du mir sagest:
2795 Kann ich mich selber kaum in Nathan finden. –
Indes, er ist mein Freund, und meiner Freunde
Muss keiner mit dem andern hadern. – Lass
Dich weisen! Geh behutsam! Gib ihn nicht
Sofort den Schwärmern deines Pöbels preis!
2800 Verschweig, was deine Geistlichkeit an ihm
Zu rächen mir so nahe legen würde!
Sei keinem Juden, keinem Muselmanne
Zum Trotz ein Christ!

TEMPELHERR.   Bald wär's damit zu spät!
Doch Dank der Blutbegier des Patriarchen,
2805 Des Werkzeug mir zu werden graute!

SALADIN.   Wie?
  Du kamst zum Patriarchen eher, als
  Zu mir?
TEMPELHERR. Im Sturm der Leidenschaft, im Wirbel
  Der Unentschlossenheit! – Verzeih! – Du wirst
  Von deinem Assad, fürcht ich, ferner nun
  Nichts mehr in mir erkennen wollen.   2810
SALADIN.   Wär ·
  Es diese Furcht nicht selbst! Mich dünkt, ich weiß,
  Aus welchen Fehlern unsre Tugend keimt.
  Pfleg diese ferner nur, und jene sollen
  Bei mir dir wenig schaden. – Aber geh!
  Such du nun Nathan, wie er dich gesucht;   2815
  Und bring ihn her. Ich muss euch doch zusammen
  Verständigen. – Wär um das Mädchen dir
  Im Ernst zu tun; sei ruhig. Sie ist dein!
  Auch soll es Nathan schon empfinden, dass
  Er ohne Schweinefleisch ein Christenkind   2820
  Erziehen dürfen! – Geh!
    (Der Tempelherr geht ab, und Sittah verlässt den Sofa.)

FÜNFTER AUFTRITT

Saladin und Sittah.

SITTAH.   Ganz sonderbar!
SALADIN. Gelt, Sittah? Muss mein Assad nicht ein braver,
  Ein schöner Mann gewesen sein?
SITTAH. Wenn er so war, und nicht zu diesem Bilde
  Der Tempelherr vielmehr gesessen! – Aber   2825
  Wie hast du doch vergessen können, dich
  Nach seinen Eltern zu erkundigen?
SALADIN. Und insbesondre wohl nach seiner Mutter?
  Ob seine Mutter hierzulande nie
  Gewesen sei? – Nicht wahr?   2830
SITTAH.   Das machst du gut!
SALADIN. Oh, möglicher wär nichts! Denn Assad war
  Bei hübschen Christendamen so willkommen,
  Auf hübsche Christendamen so erpicht,
  Dass einmal gar die Rede ging – Nun, nun;
  Man spricht nicht gern davon. – Genug: ich hab   2835
  Ihn wieder! – will mit allen seinen Fehlern,

Mit allen Launen seines weichen Herzens
Ihn wiederhaben! – Oh, das Mädchen muss
Ihm Nathan geben. Meinst du nicht?

SITTAH.   Ihm geben?
2840   Ihm lassen!

SALADIN.   Allerdings! Was hätte Nathan,
Sobald er nicht ihr Vater ist, für Recht
Auf sie? Wer ihr das Leben so erhielt,
Tritt einzig in die Rechte des, der ihr
Es gab.

SITTAH. Wie also, Saladin? wenn du
2845   Nur gleich das Mädchen zu dir nähmst? Sie nur
Dem unrechtmäßigen Besitzer gleich
Entzögest?

SALADIN.   Täte das wohl Not?

SITTAH.   Not nun
Wohl eben nicht! – Die liebe Neubegier
Treibt mich allein, dir diesen Rat zu geben.
2850   Denn von gewissen Männern mag ich gar
Zu gern, so bald wie möglich, wissen, was
Sie für ein Mädchen lieben können.

SALADIN.   Nun,
So schick und lass sie holen.

SITTAH.   Darf ich, Bruder?

SALADIN. Nur schone Nathans! Nathan muss durchaus
2855   Nicht glauben, dass man mit Gewalt ihn von
Ihr trennen wolle.

SITTAH.   Sorge nicht.

SALADIN.   Und ich,
Ich muss schon selbst sehn, wo Al-Hafi bleibt.

SECHSTER AUFTRITT

Szene: die offne Flur in Nathans Hause,
gegen die Palmen zu; wie im ersten Auftritte des ersten Aufzuges.
Ein Teil der Waren und Kostbarkeiten liegt ausgekramt,
deren ebendaselbst gedacht wird.

Nathan und Daja.

DAJA. Oh, alles herrlich! alles auserlesen!
  Oh, alles – wie nur Ihr es geben könnt.
  Wo wird der Silberstoff mit goldnen Ranken   2860
  Gemacht? Was kostet er? – Das nenn ich noch
  Ein Brautkleid! Keine Königin verlangt
  Es besser.
NATHAN. Brautkleid? Warum Brautkleid eben?
DAJA. Je nun! Ihr dachtet daran freilich nicht,
  Als Ihr ihn kauftet. – Aber wahrlich, Nathan,   2865
  Der und kein andrer muss es sein! Er ist
  Zum Brautkleid wie bestellt. Der weiße Grund;
  Ein Bild der Unschuld; und die goldnen Ströme,
  Die allerorten diesen Grund durchschlängeln;
  Ein Bild des Reichtums. Seht Ihr? Allerliebst!   2870
NATHAN. Was witzelst du mir da? Von wessen Brautkleid
  Sinnbilderst du mir so gelehrt? – Bist du
  Denn Braut?
DAJA.   Ich?
NATHAN.   Nun wer denn?
DAJA.   Ich? – lieber Gott!
NATHAN.
  Wer denn? Von wessen Brautkleid sprichst du denn? –
  Das alles ist ja dein und keiner andern.   2875
DAJA. Ist mein? Soll mein sein? – Ist für Recha nicht?
NATHAN. Was ich für Recha mitgebracht, das liegt
  In einem andern Ballen. Mach! Nimm weg!
  Trag deine Siebensachen fort!
DAJA.   Versucher!
  Nein, wären es die Kostbarkeiten auch   2880
  Der ganzen Welt! Nicht rühr an! wenn Ihr mir
  Vorher nicht schwört, von dieser einzigen
  Gelegenheit, dergleichen Euch der Himmel
  Nicht zweimal schicken wird, Gebrauch zu machen.
NATHAN. Gebrauch? von was? – Gelegenheit? wozu?   2885

DAJA. Oh, stellt Euch nicht so fremd! – Mit kurzen Worten!
  Der Tempelherr liebt Recha: gebt sie ihm,
  So hat doch einmal Eure Sünde, die
  Ich länger nicht verschweigen kann, ein Ende.
2890 So kömmt das Mädchen wieder unter Christen;
  Wird wieder, was sie ist; ist wieder, was
  Sie ward: und Ihr, Ihr habt mit all dem Guten,
  Das wir Euch nicht genug verdanken können,
  Nicht Feuerkohlen bloß auf Euer Haupt
2895 Gesammelt.
NATHAN.   Doch die alte Leier wieder? –
  Mit einer neuen Saite nur bezogen,
  Die, fürcht ich, weder stimmt noch halt.
DAJA.   Wieso?
NATHAN. Mir wär der Tempelherr schon recht. Ihm gönnt
  Ich Recha mehr als einem in der Welt.
2900 Allein . . . Nun, habe nur Geduld.
DAJA.   Geduld?
  Geduld ist Eure alte Leier nun
  Wohl nicht?
NATHAN.   Nur wenig Tage noch Geduld! . . .
  Sieh doch! – Wer kömmt denn dort? Ein Klosterbruder?
  Geh, frag ihn, was er will.
DAJA.   Was wird er wollen?
          (Sie geht auf ihn zu und fragt.)
2905 NATHAN. So gib! – und eh er bittet. – (Wüsst ich nur
  Dem Tempelherrn erst beizukommen, ohne
  Die Ursach meiner Neugier ihm zu sagen!
  Denn wenn ich sie ihm sag, und der Verdacht
  Ist ohne Grund: so hab ich ganz umsonst
2910 Den Vater auf das Spiel gesetzt.) – Was ist's?
DAJA. Er will Euch sprechen.
NATHAN.   Nun, so lass ihn kommen;
  Und geh indes.

SIEBENTER AUFTRITT

Nathan und der Klosterbruder.

NATHAN.   (Ich bliebe Rechas Vater
  Doch gar zu gern! – Zwar kann ich's denn nicht bleiben,
  Auch wenn ich aufhör, es zu heißen? – Ihr,

Ihr selbst werd ich's doch immer auch noch heißen,   2915
Wenn sie erkennt, wie gern ich's wäre.) – Geh! –
Was ist zu Euern Diensten, frommer Bruder?
KLOSTERBRUDER.
Nicht eben viel. – Ich freue mich, Herr Nathan,
Euch annoch wohl zu sehn.
NATHAN.   So kennt Ihr mich?
KLOSTERBRUDER.
Je nu; wer kennt Euch nicht? Ihr habt so manchem   2920
Ja Euern Namen in die Hand gedrückt.
Er steht in meiner auch, seit vielen Jahren.
NATHAN *(nach seinem Beutel langend).*
Kommt, Bruder, kommt; ich frisch ihn auf.
KLOSTERBRUDER.   Habt Dank!
Ich würd es Ärmern stehlen; nehme nichts. –
Wenn Ihr mir nur erlauben wollt, ein wenig   2925
Euch m e i n e n Namen aufzufrischen. Denn
Ich kann mich rühmen, auch in E u r e Hand
Etwas gelegt zu haben, was nicht zu
Verachten war.
NATHAN.   Verzeiht! – Ich schäme mich –
Sagt, was? – und nehmt zur Buße siebenfach   2930
Den Wert desselben von mir an.
KLOSTERBRUDER.   Hört doch
Vor allen Dingen, wie ich selber nur
Erst heut an dies mein Euch vertrautes Pfand
Erinnert worden.
NATHAN.   Mir vertrautes Pfand?
KLOSTERBRUDER. Vor kurzem saß ich noch als Eremit   2935
Auf Quarantana, unweit Jericho.
Da kam arabisch Raubgesindel, brach
Mein Gotteshäuschen ab und meine Zelle
Und schleppte mich mit fort. Zum Glück entkam
Ich noch und floh hierher zum Patriarchen,   2940
Um mir ein ander Plätzchen auszubitten,
Allwo ich meinem Gott in Einsamkeit
Bis an mein selig Ende dienen könne.
NATHAN. Ich steh auf Kohlen, guter Bruder. Macht
Es kurz. Das Pfand! das mir vertraute Pfand!   2945
KLOSTERBRUDER.
Sogleich, Herr Nathan. – Nun, der Patriarch
Versprach mir eine Siedelei auf Tabor,
Sobald als eine leer; und hieß inzwischen

Im Kloster mich als Laienbruder bleiben.
2950   Da bin ich itzt, Herr Nathan; und verlange
Des Tags wohl hundert Mal auf Tabor. Denn
Der Patriarch braucht mich zu allerlei,
Wovor ich großen Ekel habe. Zum
Exempel:
NATHAN. Macht, ich bitt Euch!
KLOSTERBRUDER.   Nun, es kömmt! –
2955   Da hat ihm jemand heut ins Ohr gesetzt:
Es lebe hier herum ein Jude, der
Ein Christenkind als seine Tochter sich
Erzöge.
NATHAN *(betroffen)*. Wie?
KLOSTERBRUDER.   Hört mich nur aus! – Indem
Er mir nun aufträgt, diesem Juden stracks
2960   Womöglich auf die Spur zu kommen, und
Gewaltig sich ob eines solchen Frevels
Erzürnt, der ihm die wahre Sünde wider
Den heil'gen Geist bedünkt; – das ist, die Sünde,
Die aller Sünden größte Sünd uns gilt,
2965   Nur dass wir, Gott sei Dank, so recht nicht wissen,
Worin sie eigentlich besteht: – da wacht
Mit einmal mein Gewissen auf; und mir
Fällt bei, ich könnte selber wohl vor Zeiten
Zu dieser unverzeihlich großen Sünde
2970   Gelegenheit gegeben haben. – Sagt:
Hat Euch ein Reitknecht nicht vor achtzehn Jahren
Ein Töchterchen gebracht von wenig Wochen?
NATHAN. Wie das? – Nun freilich – allerdings –
KLOSTERBRUDER.   Ei, seht
Mich doch recht an! – Der Reitknecht, der bin ich.
2975   NATHAN. Seid ihr?
KLOSTERBRUDER. Der Herr, von welchem ich's Euch brachte,
War – ist mir recht – ein Herr von Filnek. – Wolf
Von Filnek!
NATHAN.   Richtig!
KLOSTERBRUDER. Weil die Mutter kurz
Vorher gestorben war; und sich der Vater
Nach – mein ich – Gazza plötzlich werfen musste,
2980   Wohin das Würmchen ihm nicht folgen konnte:
So sandt' er's Euch. Und traf ich Euch damit
Nicht in Darun?
NATHAN.   Ganz recht!

KLOSTERBRUDER.   Es wär kein Wunder,
Wenn mein Gedächtnis mich betrög. Ich habe
Der braven Herrn so viel gehabt; und diesem
Hab ich nur gar zu kurze Zeit gedient.   2985
Er blieb bald drauf bei Askalon; und war
Wohl sonst ein lieber Herr.
NATHAN.   Jawohl! Jawohl!
Dem ich so viel, so viel zu danken habe!
Der mehr als einmal mich dem Schwert entrissen!
KLOSTERBRUDER.
O schön! So werd't Ihr seines Töchterchens   2990
Euch umso lieber angenommen haben.
NATHAN. Das könnt Ihr denken.
KLOSTERBRUDER.   Nun, wo ist es denn?
Es ist doch wohl nicht etwa gar gestorben? –
Lasst's lieber nicht gestorben sein! – Wenn sonst
Nur niemand um die Sache weiß: so hat   2995
Es gute Wege.
NATHAN.   Hat es?
KLOSTERBRUDER.   Traut mir, Nathan!
Denn seht, ich denke so! Wenn an das Gute,
Das ich zu tun vermeine, gar zu nah
Was gar zu Schlimmes grenzt: so tu ich lieber
Das Gute nicht; weil wir das Schlimme zwar   3000
So ziemlich zuverlässig kennen, aber
Bei weiten nicht das Gute. – War ja wohl
Natürlich; wenn das Christentöchterchen
Recht gut von Euch erzogen werden sollte:
Dass Ihr's als Euer eigen Töchterchen   3005
Erzögt. – Das hättet Ihr mit aller Lieb
Und Treue nun getan und müsstet so
Belohnet werden? Das will mir nicht ein.
Ei freilich, klüger hättet Ihr getan,
Wenn Ihr die Christin durch die zweite Hand   3010
Als Christin auferziehn lassen: aber
So hättet Ihr das Kindchen Eures Freunds
Auch nicht geliebt. Und Kinder brauchen Liebe,
Wär's eines wilden Tieres Lieb auch nur,
In solchen Jahren mehr als Christentum.   3015
Zum Christentume hat's noch immer Zeit.
Wenn nur das Mädchen sonst gesund und fromm
Vor Euern Augen aufgewachsen ist,
So blieb's vor Gottes Augen, was es war.

3020 Und ist denn nicht das ganze Christentum
      Aufs Judentum gebaut? Es hat mich oft
      Geärgert, hat mir Tränen g'nug gekostet,
      Wenn Christen gar so sehr vergessen konnten,
      Dass unser Herr ja selbst ein Jude war.
3025 NATHAN. Ihr, guter Bruder, müsst mein Fürsprach sein,
      Wenn Hass und Gleisnerei sich gegen mich
      Erheben sollten, – wegen einer Tat –
      Ah, wegen einer Tat! – Nur Ihr, Ihr sollt
      Sie wissen! – Nehmt sie aber mit ins Grab!
3030 Noch hat mich nie die Eitelkeit versucht,
      Sie jemand andern zu erzahlen. Euch
      Allein erzähl ich sie. Der frommen Einfalt
      Allein erzähl ich sie. Weil die allein
      Versteht, was sich der gottergebne Mensch
3035 Für Taten abgewinnen kann.
      KLOSTERBRUDER.   Ihr seid
      Gerührt, und Euer Auge steht voll Wasser?
      NATHAN. Ihr traft mich mit dem Kinde zu Darun.
      Ihr wisst wohl aber nicht, dass wenig Tage
      Zuvor, in Gath die Christen alle Juden
3940 Mit Weib und Kind ermordet hatten; wisst
      Wohl nicht, dass unter diesen meine Frau
      Mit sieben hoffnungsvollen Söhnen sich
      Befunden, die in meines Bruders Hause,
      Zu dem ich sie geflüchtet, insgesamt
3045 Verbrennen müssen.
      KLOSTERBRUDER. Allgerechter!
      NATHAN.   Als
      Ihr kamt, hatt' ich drei Tag und Nächt in Asch
      Und Staub vor Gott gelegen und geweint. –
      Geweint? Beiher mit Gott auch wohl gerechtet,
      Gezürnt, getobt, mich und die Welt verwünscht;
3050 Der Christenheit den unversöhnlichsten
      Hass zugeschworen –
      KLOSTERBRUDER. Ach! Ich glaub's Euch wohl!
      NATHAN. Doch nun kam die Vernunft allmählich wieder.
      Sie sprach mit sanfter Stimm: „und doch ist Gott!
      Doch war auch Gottes Ratschluss das! Wohlan!
3055 Komm! übe, was du längst begriffen hast,
      Was sicherlich zu üben schwerer nicht
      Als zu begreifen ist, wenn du nur willst.
      Steh auf!" – Ich stand! und rief zu Gott: „Ich will!

Willst du nur, dass ich will!" – Indem stiegt Ihr
Vom Pferd und überreichtet mir das Kind,   3060
In Euern Mantel eingehüllt. – Was Ihr
Mir damals sagtet; was ich Euch: hab ich
Vergessen. So viel weiß ich nur; ich nahm
Das Kind, trug's auf mein Lager, küsst' es, warf
Mich auf die Knie und schluchzte: Gott! auf sieben   3065
Doch nun schon e i n e s wieder!

KLOSTERBRUDER.   Nathan! Nathan!
Ihr seid ein Christ! – Bei Gott, Ihr seid ein Christ!
Ein bess'rer Christ war nie!

NATHAN.   Wohl uns! Denn was
Mich Euch zum Christen macht, das macht Euch mir
Zum Juden! – Aber lasst uns länger nicht   3070
Einander nur erweichen. Hier braucht's Tat!
Und ob mich siebenfache Liebe schon
Bald an dies einz'ge fremde Mädchen band,
Ob der Gedanke mich schon tötet, dass
Ich meine sieben Söhn' in ihr aufs Neue   3075
Verlieren soll: – wenn sie von meinen Händen
Die Vorsicht wieder fodert, – ich gehorche!

KLOSTERBRUDER.
Nun vollends! – Eben das bedacht' ich mich
So viel, Euch anzuraten! Und so hat's
Euch Euer guter Geist schon angeraten!   3080

NATHAN. Nur muss der erste Beste mir sie nicht
Entreißen wollen!

KLOSTERBRUDER. Nein, gewiss nicht!

NATHAN.   Wer
Auf sie nicht größre Rechte hat als ich,
Muss frühere zum mind'sten haben –

KLOSTERBRUDER.   Freilich!

NATHAN. Die ihm Natur und Blut erteilen.   3085

KLOSTERBRUDER.   So
Mein ich es auch!

NATHAN.   Drum nennt mir nur geschwind
Den Mann, der ihr als Bruder oder Ohm,
Als Vetter oder sonst als Sipp verwandt:
Ihm will ich sie nicht vorenthalten – sie,
Die jedes Hauses, jedes Glaubens Zierde   3090
Zu sein erschaffen und erzogen ward. –
Ich hoff, Ihr wisst von diesem Euern Herrn
Und dem Geschlechte dessen mehr als ich.

KLOSTERBRUDER.
　Das, guter Nathan, wohl nun schwerlich! – Denn
3095　Ihr habt ja schon gehört, dass ich nur gar
　Zu kurze Zeit bei ihm gewesen.
NATHAN.　　　　　　　Wisst
　Ihr denn nicht wenigstens, was für Geschlechts
　Die Mutter war? – War sie nicht eine Stauffin?
KLOSTERBRUDER. Wohl möglich! – Ja, mich dünkt.
NATHAN.　　　　　　　　　Hieß nicht ihr Bruder
3100　Conrad von Stauffen? – und war Tempelherr?
KLOSTERBRUDER.
　Wenn mich's nicht trügt. Doch halt! Da fällt mir ein,
　Dass ich vom sel'gen Herrn ein Büchelchen
　Noch hab. Ich zog's ihm aus dem Busen, als
　Wir ihn bei Askalon verscharrten.
NATHAN.　　　　　　　Nun?
3105　KLOSTERBRUDER. Es sind Gebete drin. Wir nennen's ein
　Brevier. – Das, dacht' ich, kann ein Christenmensch
　Ja wohl noch brauchen. – Ich nun freilich nicht –
　Ich kann nicht lesen –
NATHAN.　　　　　　Tut nichts! – Nur zur Sache.
KLOSTERBRUDER.
　In diesem Büchelchen stehn vorn und hinten,
3110　Wie ich mir sagen lassen, mit des Herrn
　Selbsteigner Hand, die Angehörigen
　Von ihm und ihr geschrieben.
NATHAN.　　　　　　Oh, erwünscht!
　Geht! lauft! holt mir das Büchelchen. Geschwind!
　Ich bin bereit mit Gold es aufzuwiegen;
3115　Und tausend Dank dazu! Eilt! lauft!
KLOSTERBRUDER.　　　　　　Recht gern!
　Es ist Arabisch aber, was der Herr
　Hineingeschrieben. *(Ab.)*
NATHAN.　　　　　　Einerlei! Nur her! –
　Gott! wenn ich doch das Mädchen noch behalten
　Und einen solchen Eidam mir damit
3120　Erkaufen könnte! – Schwerlich wohl! – Nun, fall
　Es aus, wie's will! – Wer mag es aber denn
　Gewesen sein, der bei dem Patriarchen
　So etwas angebracht? Das muss ich doch
　Zu fragen nicht vergessen. – Wenn es gar
3125　Von Daja käme?

ACHTER AUFTRITT

Daja und Nathan.

DAJA *(eilig und verlegen).* Denkt doch, Nathan!
NATHAN.   Nun?
DAJA. Das arme Kind erschrak wohl recht darüber!
  Da schickt . . .
NATHAN.   Der Patriarch?
DAJA.   Des Sultans Schwester,
  Prinzessin Sittah . . .
NATHAN.   Nicht der Patriarch?
DAJA. Nein, Sittah! – Hört Ihr nicht! – Prinzessin Sittah
  Schickt her und lässt sie zu sich holen!   3130
NATHAN.   Wen?
  Lässt Recha holen? – Sittah lässt sie holen? –
  Nun; wenn sie Sittah holen lässt und nicht
  Der Patriarch . . .
DAJA.   Wie kommt Ihr denn auf den?
NATHAN. So hast du kürzlich nichts von ihm gehört?
  Gewiss nicht? Auch ihm nichts gesteckt?   3135
DAJA.   Ich? Ihm?
NATHAN. Wo sind die Boten?
DAJA.   Vorn.
NATHAN.   Ich will sie doch
  Aus Vorsicht selber sprechen. Komm! – Wenn nur
  Vom Patriarchen nichts dahinter steckt. *(Ab.)*
DAJA. Und ich – ich fürchte ganz was anders noch.
  Was gilt's? die einzige vermeinte Tochter   3140
  So eines reichen Juden wär auch wohl
  Für einen Muselmann nicht übel? – Hui,
  Der Tempelherr ist drum. Ist drum: wenn ich
  Den zweiten Schritt nicht auch noch wage; nicht
  Auch ihr noch selbst entdecke, wer sie ist! –   3145
  Getrost! Lass mich den ersten Augenblick,
  Den ich allein sie habe, dazu brauchen!
  Und der wird sein – vielleicht nun eben, wenn
  Ich sie begleite. So ein erster Wink
  Kann unterwegens wenigstens nicht schaden.   3150
  Ja, ja! Nur zu! Itzt oder nie! Nur zu! *(Ihm nach.)*

FÜNFTER AUFZUG

ERSTER AUFTRITT

*Szene: das Zimmer in Saladins Palaste, in welches die
Beutel mit Geld getragen worden, die noch zu sehen.*

Saladin und bald darauf verschiedne Mamelucken.

SALADIN *(im Hereintreten).*
  Da steht das Geld nun noch! Und niemand weiß
Den Derwisch aufzufinden, der vermutlich
Ans Schachbrett irgendwo geraten ist,
3155 Das ihn wohl seiner selbst vergessen macht; –
Warum nicht meiner? – Nun, Geduld! Was gibt's?
EIN MAMELUCK.
  Erwünschte Nachricht, Sultan! Freude, Sultan! . . .
Die Karawane von Kahira kömmt,
Ist glücklich da! mit siebenjährigem
3160 Tribut des reichen Nils.
SALADIN.   Brav, Ibrahim!
Du bist mir wahrlich ein willkommner Bote! –
Ha! endlich einmal! endlich! – Habe Dank
Der guten Zeitung.
DER MAMELUCK *(wartend).* (Nun? nur her damit!)
SALADIN. Was wart'st du? – Geh nur wieder.
DER MAMELUCK.   Dem Willkommnen
3165 Sonst nichts?
SALADIN. Was denn noch sonst?
DER MAMELUCK.   Dem guten Boten
Kein Botenbrot? – So wär ich ja der Erste,
Den Saladin mit Worten abzulohnen
Doch endlich lernte? – Auch ein Ruhm! – der Erste,
Mit dem er knickerte.
SALADIN.   So nimm dir nur
3170 Dort einen Beutel.
DER MAMELUCK. Nein, nun nicht! Du kannst
Mir sie nun alle schenken wollen.
SALADIN.   Trotz! –
Komm her! Da hast du zwei. – Im Ernst? er geht?
Tut mir's an Edelmut zuvor? – Denn sicher
Muss ihm es saurer werden, auszuschlagen,
3175 Als mir, zu geben. – Ibrahim! – Was kömmt

Mir denn auch ein, so kurz vor meinem Abtritt
Auf einmal ganz ein andrer sein zu wollen? –
Will Saladin als Saladin nicht sterben? –
So musst' er auch als Saladin nicht leben.

EIN ZWEITER MAMELUCK. Nun, Sultan! ...   3180
SALADIN.   Wenn du mir zu melden kömmst ...
ZWEITER MAMELUCK.
   Dass aus Ägypten der Transport nun da!
SALADIN. Ich weiß schon.
EIN ZWEITER MAMELUCK. Kam ich doch zu spät!
SALADIN.   Warum
   Zu spät? – Da nimm für deinen guten Willen
   Der Beutel einen oder zwei.
ZWEITER MAMELUCK.   Macht drei!
SALADIN. Ja, wenn du rechnen kannst! – So nimm sie nur.   3185
ZWEITER MAMELUCK.
   Es wird wohl noch ein Dritter kommen, – wenn
   Er anders kommen kann.
SALADIN.   Wie das?
ZWEITER MAMELUCK.   Je nu!
   Er hat auch wohl den Hals gebrochen! Denn
   Sobald wir drei der Ankunft des Transports
   Versichert waren, sprengte jeder frisch   3190
   Davon. Der Vorderste, der stürzt'; und so
   Komm ich nun vor, und bleib auch vor bis in
   Die Stadt; wo aber Ibrahim, der Lecker,
   Die Gassen besser kennt.
SALADIN.   Oh, der gestürzte!
   Freund, der gestürzte! – Reit ihm doch entgegen.   3195
ZWEITER MAMELUCK.
   Das werd ich ja wohl tun! – Und wenn er lebt,
   So ist die Hälfte dieser Beutel sein. *(Geht ab.)*
SALADIN. Sieh, welch ein guter, edler Kerl auch das! –
   Wer kann sich solcher Mamelucken rühmen?
   Und wär mir denn zu denken nicht erlaubt,   3200
   Dass sie mein Beispiel bilden helfen? – Fort
   Mit dem Gedanken, sie zu guter Letzt
   Noch an ein anders zu gewöhnen! ...
EIN DRITTER MAMELUCK.   Sultan ...
SALADIN. Bist du's, der stürzte?
DRITTER MAMELUCK.   Nein. Ich melde nur, –
   Dass Emir Mansor, der die Karawane   3205
   Geführt, vom Pferde steigt ...

SALADIN.   Bring ihn! geschwind! –
Da ist er ja! –

ZWEITER AUFTRITT

Emir Mansor und Saladin.

SALADIN.   Willkommen, Emir! Nun,
Wie ist's gegangen? – Mansor, Mansor, hast
Uns lange warten lassen!
MANSOR.   Dieser Brief
3210 Berichtet, was dein Abulkassem erst
Für Unruh in Thebais dämpfen müssen:
Eh wir es wagen durften abzugehen.
Den Zug darauf hab ich beschleuniget
So viel, wie möglich war.
SALADIN.   Ich glaube dir! –
3215 Und nimm nur, guter Mansor, nimm sogleich …
Du tust es aber doch auch gern? … nimm frische
Bedeckung nur sogleich. Du musst sogleich
Noch weiter; musst der Gelder größern Teil
Auf Libanon zum Vater bringen.
MANSOR.   Gern!
3220 Sehr gern!
SALADIN. Und nimm dir die Bedeckung ja
Nur nicht zu schwach. Es ist um Libanon
Nicht alles mehr so sicher. Hast du nicht
Gehört? Die Tempelherrn sind wieder rege.
Sei wohl auf deiner Hut! – Komm nur! Wo hält
3225 Der Zug? Ich will ihn sehn; und alles selbst
Betreiben. – Ihr! ich bin sodann bei Sittah.

DRITTER AUFTRITT

*Szene: die Palmen vor Nathans Hause,
wo der Tempelherr auf und nieder geht.*

TEMPELHERR. Ins Haus nun will ich einmal nicht. – Er wird
Sich endlich doch wohl sehen lassen! – Man
Bemerkte mich ja sonst so bald, so gern! –
3230 Will's noch erleben, dass er sich's verbittet,

Vor seinem Hause mich so fleißig finden
Zu lassen. – Hm! – ich bin doch aber auch
Sehr ärgerlich. – Was hat mich denn nun so
Erbittert gegen ihn? – Er sagte ja:
Noch schlüg er mir nichts ab. Und Saladin   3235
Hat's über sich genommen, ihn zu stimmen. –
Wie? sollte wirklich wohl in mir der Christ
Noch tiefer nisten als in ihm der Jude? –
Wer kennt sich recht? Wie könnt ich ihm denn sonst
Den kleinen Raub nicht gönnen wollen, den   3240
Er sich's zu solcher Angelegenheit
Gemacht, den Christen abzujagen? – Freilich;
Kein kleiner Raub, ein solch Geschöpf! – Geschöpf?
Und wessen? – Doch des Sklaven nicht, der auf
Des Lebens öden Strand den Block geflößt   3245
Und sich davongemacht? Des Künstlers doch
Wohl mehr, der in dem hingeworfnen Blocke
Die göttliche Gestalt sich dachte, die
Er dargestellt? – Ach! Rechas wahrer Vater
Bleibt, trotz dem Christen, der sie zeugte, – bleibt   3250
In Ewigkeit der Jude. – Wenn ich mir
Sie lediglich als Christendirne denke,
Sie sonder alles das mir denke, was
Allein ihr so ein Jude geben konnte: –
Sprich, Herz, – was wär an ihr, das dir gefiel?   3255
Nichts! Wenig! Selbst ihr Lächeln, wär es nichts
Als sanfte schöne Zuckung ihrer Muskeln;
Wär, was sie lächeln macht, des Reizes unwert,
In den es sich auf ihrem Munde kleidet: –
Nein; selbst ihr Lächeln nicht! Ich hab es ja   3260
Wohl schöner noch an Aberwitz, an Tand,
An Höhnerei, an Schmeichler und an Buhler
Verschwenden sehn! – Hat's da mich auch bezaubert?
Hat's da mir auch den Wunsch entlockt, mein Leben
In seinem Sonnenscheine zu verflattern? –   3265
Ich wüsste nicht. Und bin auf den doch launisch,
Der diesen höhern Wert allein ihr gab?
Wie das? warum? – Wenn ich den Spott verdiente,
Mit dem mich Saladin entließ! Schon schlimm
Genug, dass Saladin es glauben konnte!   3270
Wie klein ich ihm da scheinen musste! wie
Verächtlich! – Und das alles um ein Mädchen? –
Curd! Curd! das geht so nicht. Lenk ein! Wenn vollends

Mir Daja nur was vorgeplaudert hätte,
3275 Was schwerlich zu erweisen stünde? – Sieh,
Da tritt er endlich, im Gespräch vertieft,
Aus seinem Hause! – Ha! mit wem! – Mit ihm?
Mit meinem Klosterbruder? – Ha! so weiß
Er sicherlich schon alles! ist wohl gar
3280 Dem Patriarchen schon verraten! – Ha!
Was hab ich Querkopf nun gestiftet! – Dass
Ein einz'ger Funken dieser Leidenschaft
Doch unsers Hirns so viel verbrennen kann! –
Geschwind entschließ dich, was nunmehr zu tun!
3285 Ich will hier seitwarts ihrer warten; – ob
Vielleicht der Klosterbruder ihn verlässt.

VIERTER AUFTRITT

Nathan und der Klosterbruder.

NATHAN *(im Näherkommen).*
Habt nochmals, guter Bruder, vielen Dank!
KLOSTERBRUDER. Und Ihr desgleichen!
NATHAN.   Ich? von Euch? wofür?
Für meinen Eigensinn, Euch aufzudringen,
3290 Was Ihr nicht braucht? – Ja, wenn ihm Eurer nur
Auch nachgegeben hätt; Ihr mit Gewalt
Nicht wolltet reicher sein als ich.
KLOSTERBRUDER.   Das Buch
Gehört ja ohnedem nicht mir; gehört
Ja ohnedem der Tochter; ist ja so
3295 Der Tochter ganzes väterliches Erbe. –
Je nu, sie hat ja Euch. – Gott gebe nur,
Dass Ihr es nie bereuen dürft, so viel
Für sie getan zu haben!
NATHAN.   Kann ich das?
Das kann ich nie. Seid unbesorgt!
KLOSTERBRUDER.   Nu, nu!
3300 Die Patriarchen und die Tempelherren …
NATHAN. Vermögen mir des Bösen nie so viel
Zu tun, dass irgendwas mich reuen könnte:
Geschweige das! – Und seid Ihr denn so ganz
Versichert, dass ein Tempelherr es ist,
3305 Der Euern Patriarchen hetzt?

KLOSTERBRUDER.   Es kann
  Beinah kein andrer sein. Ein Tempelherr
  Sprach kurz vorher mit ihm; und was ich hörte,
  Das klang darnach.
NATHAN.   Es ist doch aber nur
  Ein einziger itzt in Jerusalem.
  Und diesen kenn ich. Dieser ist mein Freund.   3310
  Ein junger, edler, offner Mann!
KLOSTERBRUDER.   Ganz recht;
  Der Nämliche! – Doch was man ist, und was
  Man sein muss in der Welt, das passt ja wohl
  Nicht immer.
NATHAN.   Leider nicht. – So tue, wer's
  Auch immer ist, sein Schlimmstes oder Bestes!   3315
  Mit Euerm Buche, Bruder, trotz ich allen;
  Und gehe graden Wegs damit zum Sultan.
KLOSTERBRUDER.
  Viel Glücks! Ich will Euch denn nur hier verlassen.
NATHAN. Und habt sie nicht einmal gesehn? – Kommt ja
  Doch bald, doch fleißig wieder. – Wenn nur heut   3320
  Der Patriarch noch nichts erfährt! – Doch was?
  Sagt ihm auch heute, was Ihr wollt.
KLOSTERBRUDER.   Ich nicht.
  Lebt wohl! *(Geht ab.)*
NATHAN. Vergesst uns ja nicht, Bruder! – Gott!
  Dass ich nicht hier gleich unter freiem Himmel
  Auf meine Kniee sinken kann! Wie sich   3325
  Der Knoten, der so oft mir bange machte,
  Nun von sich selber löset! – Gott! wie leicht
  Mir wird, dass ich nun weiter auf der Welt
  Nichts zu verbergen habe! dass ich vor
  Den Menschen nun so frei kann wandeln als   3330
  Vor dir, der du allein den Menschen nicht
  Nach seinen Taten brauchst zu richten, die
  So selten seine Taten sind, o Gott! –

FÜNFTER AUFTRITT

Nathan und der Tempelherr,
der von der Seite auf ihn zukömmt.

TEMPELHERR. He! wartet, Nathan; nehmt mich mit!
NATHAN.   Wer ruft? –
3335   Seid Ihr es, Ritter? Wo gewesen, dass
       Ihr bei dem Sultan Euch nicht treffen lassen?
TEMPELHERR. Wir sind einander fehlgegangen. Nehmt's
       Nicht übel.
NATHAN   Ich nicht; aber Saladin …
TEMPELHERR. Ihr wart nur eben fort …
NATHAN.   Und spracht ihn doch?
3340   Nun, so ist's gut.
TEMPELHERR.   Er will uns aber beide
       Zusammen sprechen.
NATHAN.   Desto besser. Kommt
       Nur mit. Mein Gang stand ohnehin zu ihm. –
TEMPELHERR. Ich darf ja doch wohl fragen, Nathan, wer
       Euch da verließ?
NATHAN.   Ihr kennt ihn doch wohl nicht?
3345   TEMPELHERR. War's nicht die gute Haut, der Laienbruder,
       Des sich der Patriarch so gern zum Stöber
       Bedient?
NATHAN. Kann sein! Beim Patriarchen ist
       Er allerdings.
TEMPELHERR. Der Pfiff ist gar nicht übel:
       Die Einfalt vor der Schurkerei voraus-
3350   Zuschicken.
NATHAN.   Ja, die dumme; – nicht die fromme.
TEMPELHERR. An fromme glaubt kein Patriarch.
NATHAN.   Für den
       Nun steh ich. Der wird seinem Patriarchen
       Nichts Ungebührliches vollziehen helfen.
TEMPELHERR. So stellt er wenigstens sich an. – Doch hat
3355   Er Euch von mir denn nichts gesagt?
NATHAN.   Von Euch?
       Von Euch nun namentlich wohl nichts. – Er weiß
       Ja wohl auch schwerlich Euern Namen?
TEMPELHERR.   Schwerlich.
NATHAN. Von einem Tempelherren freilich hat
       Er mir gesagt …

TEMPELHERR.   Und was?
NATHAN.   Womit er Euch
  Doch ein für alle Mal nicht meinen kann!   3360
TEMPELHERR. Wer weiß? Lasst doch nur hören.
NATHAN.   Dass mich einer
  Bei seinem Patriarchen angeklagt . . .
TEMPELHERR. Euch angeklagt? – Das ist, mit seiner Gunst –
  Erlogen. – Hört mich, Nathan! – Ich bin nicht
  Der Mensch, der irgendetwas abzuleugnen   3365
  Imstande wäre. Was ich tat, das tat ich!
  Doch bin ich auch nicht der, der alles, was
  Er tat, als wohl getan verteid'gen möchte.
  Was sollt ich eines Fehls mich schämen? Hab
  Ich nicht den festen Vorsatz ihn zu bessern?   3370
  Und weiß ich etwa nicht, wie weit mit dem
  Es Menschen bringen können? – Hört mich, Nathan! –
  Ich bin des Laienbruders Tempelherr,
  Der Euch verklagt soll haben, allerdings. –
  Ihr wisst ja, was mich wurmisch machte! was   3375
  Mein Blut in allen Adern sieden machte!
  Ich Gauch! – ich kam, so ganz mit Leib und Seel
  Euch in die Arme mich zu werfen. Wie
  Ihr mich empfingt – wie kalt – wie lau – denn lau
  Ist schlimmer noch als kalt; wie abgemessen   3380
  Mir auszubeugen Ihr beflissen wart;
  Mit welchen aus der Luft gegriffnen Fragen
  Ihr Antwort mir zu geben scheinen wolltet:
  Das darf ich kaum mir itzt noch denken, wenn
  Ich soll gelassen bleiben. – Hört mich, Nathan! –   3385
  In dieser Gärung schlich mir Daja nach,
  Und warf mir ihr Geheimnis an den Kopf,
  Das mir den Aufschluss Euers rätselhaften
  Betragens zu enthalten schien.
NATHAN.   Wie das?
TEMPELHERR. Hört mich nur aus! – Ich bildete mir ein,   3390
  Ihr wolltet, was Ihr einmal nun den Christen
  So abgejagt, an einen Christen wieder
  Nicht gern verlieren. Und so fiel mir ein,
  Euch kurz und gut das Messer an die Kehle
  Zu setzen.   3395
NATHAN. Kurz und gut? und gut? – Wo steckt
  Das Gute?
TEMPELHERR. Hört mich, Nathan! – Allerdings:

Ich tat nicht recht! – Ihr seid wohl gar nicht schuldig. –
Die Närrin Daja weiß nicht, was sie spricht –
Ist Euch gehässig – sucht Euch nur damit
3400 In einen bösen Handel zu verwickeln –
Kann sein! kann sein! – Ich bin ein junger Laffe,
Der immer nur an beiden Enden schwärmt;
Bald viel zu viel, bald viel zu wenig tut –
Auch das kann sein! Verzeiht mir, Nathan.
NATHAN.   Wenn
3405 Ihr so mich freilich fasset –
TEMPELHERR.   Kurz, ich ging
Zum Patriarchen! – hab Euch aber nicht
Genannt. Das ist erlogen, wie gesagt!
Ich hab ihm bloß den Fall ganz allgemein
Erzählt, um seine Meinung zu vernehmen. –
3410 Auch das hätt unterbleiben können: ja doch! –
Denn kannt' ich nicht den Patriarchen schon
Als einen Schurken? Konnt' ich Euch nicht selber
Nur gleich zur Rede stellen? – Musst' ich der
Gefahr, so einen Vater zu verlieren,
3415 Das arme Mädchen opfern? – Nun, was tut's?
Die Schurkerei des Patriarchen, die
So ähnlich immer sich erhält, hat mich
Des nächsten Weges wieder zu mir selbst
Gebracht. – Denn hört mich, Nathan; hört mich aus! –
3420 Gesetzt; er wüsst auch Euern Namen: was
Nun mehr, was mehr? – Er kann Euch ja das Mädchen
Nur nehmen, wenn sie niemands ist als Euer.
Er kann sie doch aus E u e r m Hause nur
Ins Kloster schleppen. – Also – gebt sie mir!
3425 Gebt sie nur mir; und lasst ihn kommen. Ha!
Er soll's wohl bleiben lassen, mir mein Weib
Zu nehmen. – Gebt sie mir; geschwind! – Sie sei
Nun Eure Tochter oder sei es nicht!
Sei Christin oder Jüdin oder keines!
3430 Gleichviel! gleichviel! Ich werd Euch weder itzt
Noch jemals sonst in meinem ganzen Leben
Darum befragen. Sei, wie's sei!
NATHAN.   Ihr wähnt
Wohl gar, dass mir die Wahrheit zu verbergen
Sehr nötig?
TEMPELHERR. Sei, wie's sei!
NATHAN.   Ich hab es ja

Euch – oder wem es sonst zu wissen ziemt – 3435
Noch nicht geleugnet, dass sie eine Christin
Und nichts als meine Pflegetochter ist. –
Warum ich's aber ihr noch nicht entdeckt? –
Darüber brauch ich nur bei ihr mich zu
Entschuldigen. 3440
TEMPELHERR. Das sollt Ihr auch bei ihr
Nicht brauchen. – Gönnt's ihr doch, dass sie Euch nie
Mit andern Augen darf betrachten! Spart
Ihr die Entdeckung doch! – Noch habt Ihr ja,
Ihr ganz allein, mit ihr zu schalten. Gebt
Sie mir! Ich bitt Euch, Nathan; gebt sie mir! 3445
Ich bin's allein, der sie zum zweiten Male
Euch retten kann – und will.
NATHAN.   Ja – konnte! konnte!
Nun auch nicht mehr. Es ist damit zu spät.
TEMPELHERR. Wieso? Zu spät?
NATHAN.   Dank sei dem Patriarchen ...
TEMPELHERR. Dem Patriarchen? Dank? ihm Dank? wofür? 3450
Dank hätte d e r bei uns verdienen wollen?
Wofür? wofür?
NATHAN.   Dass wir nun wissen, wem
Sie anverwandt; nun wissen, wessen Händen
Sie sicher ausgeliefert werden kann.
TEMPELHERR.
Das dank ihm – wer für mehr ihm danken wird! 3455
NATHAN. Aus diesen müsst Ihr sie nun auch erhalten;
Und nicht aus meinen.
TEMPELHERR.   Arme Recha! Was
Dir alles zustößt, arme Recha! Was
Ein Glück für andre Waisen wäre, wird
Dein Unglück! – Nathan! – Und wo sind sie, diese 3460
Verwandte?
NATHAN.   Wo sie sind?
TEMPELHERR.   Und wer sie sind?
NATHAN. Besonders hat ein Bruder sich gefunden,
Bei dem Ihr um sie werben müsst.
TEMPELHERR.   Ein Bruder?
Was ist er, dieser Bruder? Ein Soldat?
Ein Geistlicher? – Lasst hören, was ich mir 3465
Versprechen darf.
NATHAN.   Ich glaube, dass er keines
Von beiden – oder beides ist. Ich kenn

Ihn noch nicht recht.

TEMPELHERR.   Und sonst?

NATHAN.   Ein braver Mann!
Bei dem sich Recha gar nicht übel wird
3470   Befinden.

TEMPELHERR. Doch ein Christ! – Ich weiß zuzeiten
Auch gar nicht, was ich von Euch denken soll: –
Nehmt mir's nicht ungut, Nathan. – Wird sie nicht
Die Christin spielen müssen unter Christen?
Und wird sie, was sie lange g'nug gespielt,
3475   Nicht endlich werden? Wird den lautern Weizen,
Den Ihr gesät, das Unkraut endlich nicht
Ersticken? – Und das kummert Euch so wenig?
Dem ungeachtet könnt Ihr sagen – Ihr? –
Dass sie bei ihrem Bruder sich nicht übel
3480   Befinden werde?

NATHAN.   Denk ich! hoff ich! Wenn
Ihr ja bei ihm was mangeln sollte, hat
Sie Euch und mich denn nicht noch immer? –

TEMPELHERR.   Oh!
Was wird bei ihm ihr mangeln können! Wird
Das Brüderchen mit Essen und mit Kleidung,
3485   Mit Naschwerk und mit Putz, das Schwesterchen
Nicht reichlich g'nug versorgen? Und was braucht
Ein Schwesterchen denn mehr? – Ei freilich: auch
Noch einen Mann! – Nun, nun; auch den, auch den
Wird ihr das Brüderchen zu seiner Zeit
3490   Schon schaffen; wie er immer nur zu finden!
Der Christlichste der Beste! – Nathan, Nathan!
Welch einen Engel hattet Ihr gebildet,
Den Euch nun andre so verhunzen werden!

NATHAN.
Hat keine Not! Er wird sich unsrer Liebe
3495   Noch immer wert genug behaupten.

TEMPELHERR.   Sagt
Das nicht! Von m e i n e r Liebe sagt das nicht!
Denn die lässt nichts sich unterschlagen; nichts.
Es sei auch noch so klein! Auch keinen Namen! –
Doch halt! – Argwohnt sie wohl bereits, was mit
3500   Ihr vorgeht?

NATHAN.   Möglich, ob ich schon nicht wüsste,
Woher?

TEMPELHERR. Auch eben viel; sie soll – sie muss

In beiden Fällen, was ihr Schicksal droht,
Von mir zuerst erfahren. Mein Gedanke,
Sie eher wieder nicht zu sehn, zu sprechen,
Als bis ich sie die Meine nennen dürfe,   3505
Fällt weg. Ich eile . . .
NATHAN.   Bleibt! wohin?
TEMPELHERR.   Zu ihr!
Zu sehn, ob diese Mädchenseele Manns genug
Wohl ist, den einzigen Entschluss zu fassen,
Der ihrer würdig wäre!
NATHAN.   Welchen?
TEMPELHERR.   Den:
Nach Euch und ihrem Bruder weiter nicht   3510
Zu fragen –
NATHAN. Und?
TEMPELHERR. Und mir zu folgen; – wenn
Sie drüber eines Muselmannes Frau
Auch werden müsste.
NATHAN.   Bleibt! Ihr trefft sie nicht.
Sie ist bei Sittah, bei des Sultans Schwester.
TEMPELHERR. Seit wenn? warum?   3515
NATHAN.   Und wollt Ihr da bei ihnen
Zugleich den Bruder finden: kommt nur mit.
TEMPELHERR. Den Bruder? welchen? Sittahs oder Rechas?
NATHAN. Leicht beide. Kommt nur mit! Ich bitt Euch, kommt!
                    (Er führt ihn fort.)

SECHSTER AUFTRITT

Szene: in Sittahs Harem.

Sittah und Recha in Unterhaltung begriffen.

SITTAH. Was freu ich mich nicht deiner, süßes Mädchen! –
Sei so beklemmt nur nicht! so angst! so schüchtern! –   3520
Sei munter! sei gesprächiger! vertrauter!
RECHA. Prinzessin, . . .
SITTAH.   Nicht doch! nicht Prinzessin! Nenn
Mich Sittah, – deine Freundin, – deine Schwester.
Nenn mich dein Mütterchen! – Ich könnte das
Ja schier auch sein. – So jung! so klug! so fromm!   3525
Was du nicht alles weißt! nicht alles musst

Gelesen haben!
RECHA.   Ich gelesen? – Sittah,
Du spottest deiner kleinen albern Schwester.
Ich kann kaum lesen.
SITTAH.   Kannst kaum, Lügnerin!
3530 RECHA. Ein wenig meines Vaters Hand! – Ich meinte,
Du sprächst von Büchern.
SITTAH.   Allerdings! von Büchern.
RECHA. Nun, Bücher wird mir wahrlich schwer zu lesen! –
SITTAH. Im Ernst?
RECHA.   In ganzem Ernst. Mein Vater liebt
Die kalte Buchgelehrsamkeit, die sich
3535 Mit toten Zeichen ins Gehirn nur drückt,
Zu wenig.
SITTAH.   Ei, was sagst du! – Hat indes
Wohl nicht sehr Unrecht! – Und so manches, was
Du weißt . . .?
RECHA.   Weiß ich allein aus seinem Munde.
Und könnte bei dem meisten dir noch sagen,
3540 Wie? wo? warum? er mich's gelehrt.
SITTAH.   So hängt
Sich freilich alles besser an. So lernt
Mit eins die ganze Seele.
RECHA.   Sicher hat
Auch Sittah wenig oder nichts gelesen!
SITTAH. Wieso? – Ich bin nicht stolz aufs Gegenteil. –
3545 Allein wieso? Dein Grund! Sprich dreist. Dein Grund?
RECHA. Sie ist so schlecht und recht; so unverkünstelt;
So ganz sich selbst nur ähnlich . . .
SITTAH.   Nun?
RECHA.   Das sollen
Die Bücher uns nur selten lassen; sagt
3550 Mein Vater.
SITTAH.   Oh, was ist dein Vater für
Ein Mann!
RECHA.   Nicht wahr?
SITTAH.   Wie nah er immer doch
Zum Ziele trifft!
RECHA.   Nicht wahr? – Und diesen Vater –
SITTAH. Was ist dir, Liebe?
RECHA.   Diesen Vater –
SITTAH.   Gott!
Du weinst?

RECHA.   Und diesen Vater – Ah! es muss
Heraus! Mein Herz will Luft, will Luft . . .
        (Wirft sich, von Tränen überwältiget, zu ihren Füßen.)
SITTAH.   Kind, was
Geschieht dir? Recha?   3555
RECHA.   Diesen Vater soll –
Soll ich verlieren!
SITTAH.   Du? verlieren? ihn?
Wie das? – Sei ruhig! – Nimmermehr! – Steh auf!
RECHA. Du sollst vergebens dich zu meiner Freundin,
Zu meiner Schwester nicht erboten haben!
SITTAH. Ich bin's ja! bin's! – Steh doch nur auf! Ich muss   3560
Sonst Hilfe rufen.
RECHA *(die sich ermannt und aufsteht).* Ah! verzeih! vergib! –
Mein Schmerz hat mich vergessen machen, wer
Du bist. Vor Sittah gilt kein Winseln, kein
Verzweifeln. Kalte, ruhige Vernunft
Will alles über sie allein vermögen.   3565
Wes Sache diese bei ihr führt, der siegt!
SITTAH. Nun dann?
RECHA.   Nein; meine Freundin, meine Schwester
Gibt das nicht zu! Gibt nimmer zu, dass mir
Ein andrer Vater aufgedrungen werde!
SITTAH. Ein andrer Vater? aufgedrungen? dir?   3570
Wer kann das? kann das auch nur wollen, Liebe?
RECHA. Wer? Meine gute böse Daja kann
Das wollen, – will das können. – Ja; du kennst
Wohl diese gute böse Daja nicht?
Nun, Gott vergeb es ihr! – belohn es ihr!   3575
Sie hat mir so viel Gutes, – so viel Böses
Erwiesen!
SITTAH.   Böses dir? – So muss sie Gutes
Doch wahrlich wenig haben.
RECHA.   Doch! recht viel,
Recht viel!
SITTAH.   Wer ist sie?
RECHA.   Eine Christin, die
In meiner Kindheit mich gepflegt, mich so   3580
Gepflegt! – Du glaubst nicht! – Die mir eine Mutter
So wenig missen lassen! – Gott vergelt
Es ihr! – Die aber mich auch so geängstet!
Mich so gequält!
SITTAH.   Und über was? warum?

3585   Wie?

RECHA. Ach! die arme Frau – ich sag dir's ja –
Ist eine Christin; – muss aus Liebe quälen; –
Ist eine von den Schwärmerinnen, die
Den allgemeinen, einzig wahren Weg
Nach Gott zu wissen wähnen!

SITTAH.   Nun versteh ich!

3590   RECHA. Und sich gedrungen fühlen, einen jeden,
Der dieses Wegs verfehlt, darauf zu lenken. –
Kaum können sie auch anders. Denn ist's wahr,
Dass dieser Weg allein nur richtig führt:
Wie sollen sie gelassen ihre Freunde

3595   Auf einem andern wandeln sehn, – der ins
Verderben stürzt, ins ewige Verderben?
Es müsste möglich sein, denselben Menschen
Zur selben Zeit zu lieben und zu hassen. –
Auch ist's das nicht, was endlich laute Klagen

3600   Mich über sie zu führen zwingt. Ihr Seufzen,
Ihr Warnen, ihr Gebet, ihr Drohen hätt
Ich gern noch länger ausgehalten; gern!
Es brachte mich doch immer auf Gedanken,
Die gut und nützlich. Und wem schmeichelt's doch

3605   Im Grunde nicht, sich gar so wert und teuer,
Von wem's auch sei, gehalten fühlen, dass
Er den Gedanken nicht ertragen kann,
Er müss einmal auf ewig uns entbehren!

SITTAH. Sehr wahr!

RECHA.   Allein – allein – das geht zu weit!

3610   Dem kann ich nichts entgegensetzen; nicht
Geduld, nicht Überlegung; nichts!

SITTAH.   Was? wem?

RECHA. Was sie mir eben itzt entdeckt will haben.

SITTAH. Entdeckt? und eben itzt?

RECHA.   Nur eben itzt!
Wir nahten, auf dem Weg hierher, uns einem

3615   Verfallnen Christentempel. Plötzlich stand
Sie still; schien mit sich selbst zu kämpfen; blickte
Mit nassen Augen bald gen Himmel, bald
Auf mich. „Komm", sprach sie endlich, „lass uns hier
Durch diesen Tempel in die Richte gehn!"

3620   Sie geht; ich folg ihr, und mein Auge schweift
Mit Graus die wankenden Ruinen durch.
Nun steht sie wieder; und ich sehe mich

An den versunknen Stufen eines morschen
Altars mit ihr. Wie ward mir? als sie da
Mit heißen Tränen, mit gerungnen Händen　　　3625
Zu meinen Füßen stürzte ...
SITTAH.　　　　　　　　Gutes Kind!
RECHA. Und bei der Göttlichen, die da wohl sonst
　So manch Gebet erhört, so manches Wunder
　Verrichtet habe, mich beschwor; – mit Blicken
　Des wahren Mitleids mich beschwor, mich meiner　3630
　Doch zu erbarmen! – Wenigstens, ihr zu
　Vergeben, wenn sie mir entdecken müsse,
　Was ihre Kirch auf mich für Anspruch habe.
SITTAH. (Unglückliche! – Es ahnte mir!)
RECHA.　　　　　　　　　　Ich sei
　Aus christlichem Geblüte; sei getauft;　　　3635
　Sei Nathans Tochter nicht; er nicht mein Vater! –
　Gott! Gott! Er nicht mein Vater! – Sittah! Sittah!
　Sieh mich aufs Neu zu deinen Füßen ...
SITTAH.　　　　　　　　Recha!
　Nicht doch! steh auf! – Mein Bruder kömmt! steh auf!

SIEBENTER AUFTRITT

Saladin und die Vorigen.

SALADIN. Was gibt's hier, Sittah?　　　　　3640
SITTAH.　　　　　　Sie ist von sich! Gott!
SALADIN. Wer ist's?
SITTAH.　　　　Du weißt ja ...
SALADIN.　　　　　　Unsers Nathans Tochter?
　Was fehlt ihr?
SITTAH.　　Komm doch zu dir, Kind! – Der Sultan ...
RECHA (*die sich auf den Knien zu Saladins Füßen schleppt, den
　Kopf zur Erde gesenkt*).
　Ich steh nicht auf! nicht eher auf! – mag eher
　Des Sultans Antlitz nicht erblicken! – eher
　Den Abglanz ewiger Gerechtigkeit　　　　3645
　Und Güte nicht in seinen Augen, nicht
　Auf seiner Stirn bewundern ...
SALADIN.　　　　　Steh ... steh auf!
RECHA. Eh er mir nicht verspricht ...
SALADIN.　　　　　Komm! ich verspreche ...

            Sei was es will!
RECHA.   Nicht mehr, nicht weniger,
3650   Als meinen Vater mir zu lassen; und
        Mich ihm! – Noch weiß ich nicht, wer sonst mein Vater
        Zu sein verlangt; – verlangen kann. Will's auch
        Nicht wissen. Aber macht denn nur das Blut
        Den Vater? nur das Blut?
SALADIN *(der sie aufhebt).* Ich merke wohl! –
3655   Wer war so grausam denn, dir selbst – dir selbst
        Dergleichen in den Kopf zu setzen? Ist
        Es denn schon völlig ausgemacht? erwiesen?
RECHA. Muss wohl! Denn Daja will von meiner Amm
        Es haben.
SALADIN. Deiner Amme!
RECHA.   Die es sterbend
3660   Ihr zu vertrauen sich verbunden fühlte.
SALADIN.
        Gar sterbend! – Nicht auch faselnd schon? – Und wär's
        Auch wahr! – Jawohl: das Blut, das Blut allein
        Macht lange noch den Vater nicht! macht kaum
        Den Vater eines Tieres! gibt zum höchsten
3665   Das erste Recht, sich diesen Namen zu
        Erwerben! – Lass dir doch nicht bange sein! –
        Und weißt du was? Sobald der Väter zwei
        Sich um dich streiten: – lass sie beide; nimm
        Den dritten! – Nimm dann mich zu deinem Vater!
3670 SITTAH. O tu's! o tu's!
SALADIN.   Ich will ein guter Vater,
        Recht guter Vater sein! – Doch halt! mir fällt
        Noch viel was Bessers bei. – Was brauchst du denn
        Der Väter überhaupt? Wenn sie nun sterben?
        Beizeiten sich nach einem umgesehn,
3675   Der mit uns um die Wette leben will!
        Kennst du noch keinen? . . .
SITTAH.   Mach sie nicht erröten!
SALADIN. Das hab ich allerdings mir vorgesetzt.
        Erröten macht die Hässlichen so schön:
        Und sollte Schöne nicht noch schöner machen? –
3680   Ich habe deinen Vater Nathan und
        Noch einen – einen noch hierher bestellt.
        Errätst du ihn? – Hierher ! Du wirst mir doch
        Erlauben, Sittah?
SITTAH.   Bruder!

SALADIN.   Dass du ja
  Vor ihm recht sehr errötest, liebes Mädchen!
RECHA. Vor wem? erröten? . . .   3685
SALADIN.   Kleine Heuchlerin!
  Nun, so erblasse lieber! – Wie du willst
  Und kannst! –
  (Eine Sklavin tritt herein und nahet sich Sittah.)
               Sie sind doch etwa nicht schon da?
SITTAH *(zur Sklavin).*
  Gut! lass sie nur herein. – Sie sind es, Bruder!

LETZTER AUFTRITT

Nathan und der Tempelherr zu den Vorigen.

SALADIN. Ah, meine guten lieben Freunde! – Dich,
  dich, Nathan, muss ich nur vor allen Dingen   3690
  Bedeuten, dass du nun, sobald du willst,
  dein Geld kannst wieder holen lassen! . . .
NATHAN.   Sultan! . . .
SALADIN. Nun steh ich auch zu deinen Diensten . . .
NATHAN.   Sultan! . . .
SALADIN. Die Karawan ist da. Ich bin so reich
  Nun wieder, als ich lange nicht gewesen. –   3695
  Komm, sag mir, was du brauchst, so recht was Großes
  Zu unternehmen! Denn auch ihr, auch ihr,
  Ihr Handelsleute, könnt des baren Geldes
  Zu viel nie haben!
NATHAN.   Und warum zuerst
  Von dieser Kleinigkeit? – Ich sehe dort   3700
  Ein Aug in Tränen, das zu trocknen mir
  Weit angelegner ist. *(Geht auf Recha zu.)* Du hast geweint?
  Was fehlt dir? – bist doch meine Tochter noch?
RECHA. Mein Vater! . . .
NATHAN.   Wir verstehen uns. Genug! –
  Sei heiter! Sei gefasst! Wenn sonst dein Herz   3705
  Nur dein noch ist! Wenn deinem Herzen sonst
  Nur kein Verlust nicht droht! – Dein Vater ist
  Dir unverloren!
RECHA.   Keiner, keiner sonst!
TEMPELHERR. Sonst keiner? – Nun! so hab ich mich betrogen.
  Was man nicht zu verlieren fürchtet, hat   3710

Man zu besitzen nie geglaubt und nie
Gewünscht. Recht wohl! recht wohl! – Das ändert, Nathan,
Das ändert alles! – Saladin, wir kamen
Auf dein Geheiß. Allein, ich hatte dich
3715 Verleitet; itzt bemüh dich nur nicht weiter!
SALADIN. Wie gach nun wieder, junger Mann! – Soll alles
     dir denn entgegenkommen? alles dich
     Erraten?
TEMPELHERR. Nun du hörst ja! siehst ja, Sultan!
SALADIN. Ei wahrlich! – Schlimm genug, dass deiner Sache
3720 Du nicht gewisser warst!
TEMPELHERR.   So bin ich's nun.
SALADIN. Wer so auf irgendeine Wohltat trotzt,
     Nimmt sie zurück. Was du gerettet, ist
     Deswegen nicht dein Eigentum. Sonst wär
     Der Räuber, den sein Geiz ins Feuer jagt,
3725 So gut ein Held wie du!
     (Auf Recha zugehend, um sie dem Tempelherrn zuzuführen.)
                    Komm, liebes Mädchen,
     Komm! Nimm's mit ihm nicht so genau. Denn wär
     Er anders; wär er minder warm und stolz:
     Er hätt es bleiben lassen, dich zu retten.
     Du musst ihm eins fürs andre rechnen. – Komm!
3730 Beschäm ihn! tu, was ihm zu tun geziemte!
     Bekenn ihm deine Liebe! trage dich ihm an!
     Und wenn er dich verschmäht; dir's je vergisst,
     Wie ungleich mehr in diesem Schritte du
     Für ihn getan, als er für dich ... Was hat
3735 Er denn für dich getan? Ein wenig sich
     Beräuchern lassen! ist was Rechts! – so hat
     Er meines Bruders, meines Assad, nichts!
     So trägt er seine Larve, nicht sein Herz.
     Komm, Liebe ...
SITTAH.   Geh! geh, Liebe, geh! Es ist
3740 Für deine Dankbarkeit noch immer wenig;
     Noch immer nichts.
NATHAN.   Halt Saladin! halt Sittah!
SALADIN. Auch du?
NATHAN.   Hier hat noch einer mitzusprechen ...
SALADIN. Wer leugnet das? – Unstreitig, Nathan, kömmt
     So einem Pflegevater eine Stimme
3745 Mit zu! Die erste, wenn du willst. – Du hörst,
     Ich weiß der Sache ganze Lage.

NATHAN.   Nicht so ganz! –
  Ich rede nicht von mir. Es ist ein andrer;
  Weit, weit ein andrer, den ich, Saladin,
  Doch auch vorher zu hören bitte.
SALADIN.   Wer?
NATHAN. Ihr Bruder!   3750
SALADIN.   Rechas Bruder?
NATHAN.   Ja!
RECHA.   Mein Bruder?
  So hab ich einen Bruder?
TEMPELHERR *(aus seiner wilden, stummen Zerstreuung auf-*
  fahrend).   Wo? wo ist
  Er, dieser Bruder? Noch nicht hier? Ich sollt
  Ihn hier ja treffen.
NATHAN.   Nur Geduld!
TEMPELHERR *(äußerst bitter).* Er hat
  Ihr einen Vater aufgebunden: – wird
  Er keinen Bruder für sie finden?   3755
SALADIN.   Das
  Hat noch gefehlt! Christ! ein so niedriger
  Verdacht wär über Assads Lippen nicht
  Gekommen. – Gut! fahr nur so fort!
NATHAN.   Verzeih
  Ihm! – Ich verzeih ihm gern. – Wer weiß, was wir
  An seiner Stell, in seinem Alter dächten!   3760
      (Freundschaftlich auf ihn zugehend.)
  Natürlich, Ritter! – Argwohn folgt auf Misstraun! –
  Wenn Ihr mich Eures w a h r e n Namens gleich
  Gewürdigt hättet . . .
TEMPELHERR.   Wie?
NATHAN.   Ihr seid kein Stauffen!
TEMPELHERR. Wer bin ich denn?
NATHAN.   Heißt Curd von Stauffen nicht!
TEMPELHERR. Wie heiß ich denn?   3765
NATHAN.   Heißt Leu von Filnek.
TEMPELHERR.   Wie?
NATHAN. Ihr stutzt?
TEMPELHERR.   Mit Recht! Wer sagt das?
NATHAN.   Ich; der mehr,
  Noch mehr Euch sagen kann. Ich straf indes
  Euch keiner Lüge.
TEMPELHERR.   Nicht?
NATHAN.   Kann doch wohl sein,

Dass jener Nam Euch ebenfalls gebührt.
TEMPELHERR.
3770 Das sollt ich meinen! – (Das hieß Gott ihn sprechen!)
NATHAN. Denn Eure Mutter – die war eine Stauffin.
Ihr Bruder, Euer Ohm, der euch erzogen,
Dem Eure Eltern Euch in Deutschland ließen,
Als, von dem rauen Himmel dort vertrieben,
3775 Sie wieder hier zu Lande kamen: – d e r
Hieß Curd von Stauffen; mag an Kindes statt
Vielleicht Euch angenommen haben! – Seid
Ihr lange schon mit ihm nun auch herüber-
Gekommen? Und er lebt doch noch?
TEMPELHERR.   Was soll
3780 Ich sagen? – Nathan! – Allerdings! So ist's!
Er selbst ist tot. Ich kam erst mit der letzten
Verstärkung unsers Ordens. – Aber, aber –
Was hat mit diesem allen Rechas Bruder
Zu schaffen?
NATHAN.   Euer Vater ...
TEMPELHERR.   Wie? auch den
3785 Habt Ihr gekannt? Auch den?
NATHAN.   Er war mein Freund.
TEMPELHERR. War Euer Freund? Ist's möglich, Nathan! ...
NATHAN.   Nannte
Sich Wolf von Filnek; aber war kein Deutscher ...
TEMPELHERR. Ihr wisst auch das?
NATHAN.   War einer Deutschen nur
Vermählt; war Eurer Mutter nur nach Deutschland
3790 Auf kurze Zeit gefolgt ...
TEMPELHERR.   Nicht mehr! Ich bitt
Euch! – Aber Rechas Bruder? Rechas Bruder ...
NATHAN. Seid Ihr!
TEMPELHERR.   Ich? ich ihr Bruder?
RECHA.   Er mein Bruder?
SITTAH. Geschwister!
SALADIN.   Sie Geschwister!
RECHA *(will auf ihn zu)*.   Ah, mein Bruder!
TEMPELHERR *(tritt zurück)*. Ihr Bruder!
RECHA *(hält an, und wendet sich zu Nathan)*.
                          Kann nicht sein! nicht sein! Sein Herz
3795 Weiß nichts davon! – Wir sind Betrüger! Gott!
SALADIN *(zum Tempelherrn)*.
Betrüger? wie? Das denkst du? kannst du denken?

Betrüger selbst! Denn alles ist erlogen
An dir: Gesicht und Stimm und Gang! Nichts dein!
So eine Schwester nicht erkennen wollen! Geh!
TEMPELHERR *(sich demütig ihm nahend).*
Missdeut auch du nicht mein Erstaunen, Sultan!   3800
Verkenn in einem Augenblick, in dem
Du schwerlich deinen Assad je gesehen,
Nicht ihn und mich! *(Auf Nathan zueilend.)*
            Ihr nehmt und gebt mir, Nathan!
Mit vollen Händen beides! – Nein, Ihr gebt
Mir mehr, als Ihr mir nehmt! unendlich mehr!   3805
        (Recha um den Hals fallend.)
Ah, meine Schwester! meine Schwester!
NATHAN.   Blanda
Von Filnek!
TEMPELHERR. Blanda? Blanda? – Recha nicht?
Nicht Eure Recha mehr? – Gott! Ihr verstoßt
Sie! gebt ihr ihren Christennamen wieder!
Verstoßt sie meinetwegen! – Nathan! Nathan!   3810
Warum es sie entgelten lassen? sie!
NATHAN. Und was? – O meine Kinder! meine Kinder! –
Denn meiner Tochter Bruder wär mein Kind
Nicht auch, – sobald er will?
*(Indem er sich ihren Umarmungen überlässt, tritt Saladin mit
unruhigem Erstaunen zu seiner Schwester.)*
SALADIN.   Was sagst du, Schwester?
SITTAH. Ich bin gerührt . . .   3815
SALADIN.   Und ich, – ich schaudere
Vor einer größern Rührung fast zurück!
Bereite dich nur drauf, so gut du kannst.
SITTAH. Wie?
SALADIN.   Nathan, auf ein Wort! ein Wort! –
*(Indem Nathan zu ihm tritt, tritt Sittah zu dem Geschwister,
ihm ihre Teilnahme zu bezeigen; und Nathan und Saladin spre-
chen leiser.)*
Hör! hör doch, Nathan! Sagtest du vorhin
Nicht –?   3820
NATHAN. Was?
SALADIN.   Aus Deutschland sei ihr Vater nicht
Gewesen; ein geborner Deutscher nicht.
Was war er denn? Wo war er sonst denn her?
NATHAN. Das hat er selbst mir nie vertrauen wollen.
Aus seinem Munde weiß ich nichts davon.

3825 SALADIN. Und war auch sonst kein Frank? kein Abendländer?
NATHAN. Oh! dass er der nicht sei, gestand er wohl. –
Er sprach am liebsten Persisch . . .
SALADIN.   Persisch? Persisch?
Was will ich mehr? – Er ist's! Er war es!
NATHAN.   Wer?
SALADIN. Mein Bruder! ganz gewiss! Mein Assad! ganz
3830 Gewiss!
NATHAN. Nun, wenn du selbst darauf verfällst: –
Nimm die Versichrung hier in diesem Buche!
        (Ihm das Brevier überreichend.)
SALADIN *(es begierig aufschlagend).*
Ah! seine Hand! Auch die erkenn ich wieder!
NATHAN. Noch wissen sie von nichts! Noch steht's bei dir
Allein, was sie davon erfahren sollen!
SALADIN *(indes er darin geblättert).*
3835 Ich meines Bruders Kinder nicht erkennen?
Ich meine Neffen – meine Kinder nicht?
Sie nicht erkennen? ich? Sie dir wohl lassen? *(Wieder laut.)*
Sie sind's! Sie sind es, Sittah, sind's! Sie sind's!
Sind beide meines . . . deines Bruders Kinder!
        (Er rennt in ihre Umarmungen.)
SITTAH *(ihm folgend).*
3840 Was hör ich! – Konnt's auch anders, anders sein! –
SALADIN *(zum Tempelherrn).*
Nun musst du doch wohl, Trotzkopf, musst mich lieben!
(Zu Recha.) Nun bin ich doch, wozu ich mich erbot?
Magst wollen, oder nicht!
SITTAH.   Ich auch! ich auch!
SALADIN *(zum Tempelherrn zurück).*
Mein Sohn! mein Assad! meines Assads Sohn!
3845 TEMPELHERR. Ich deines Bluts! – So waren jene Träume,
Womit man meine Kindheit wiegte, doch –
Doch mehr als Träume! *(Ihm zu Füßen fallend.)*
SALADIN *(ihn aufhebend).* Seht den Bösewicht!
Er wusste was davon und konnte mich
Zu seinem Mörder machen wollen! Wart!
*(Unter stummer Wiederholung allseitiger Umarmungen fällt der
Vorhang.)*

NACHWORT

In demselben Jahre 1779, in dem Lessing seinen „Nathan" veröffentlichte, hat Goethe die erste Fassung der „Iphigenie" niedergeschrieben. Allein diese Tatsache schon lässt ahnen, wie groß und vielgestaltig der Reichtum schöpferischer Kräfte im damaligen Deutschland gewesen sein muss. Für Lessings Schaffen waren vor allem drei geistige Mächte von Bedeutung.

Weithin wurde damals das Leben unseres Landes, und besonders das religiöse Leben, von der evangelischen Orthodoxie alter Prägung beherrscht, die den Blick des Menschen ausschließlich auf das Jenseits richtete und in trockener Buchstabentreue an den überlieferten Glaubenssätzen festhielt. Die beiden neuen Bewegungen, die sich gegen die Orthodoxie stellen mussten, die Aufklärung und der Pietismus, haben eines gemeinsam: sie rücken, bewusst oder unbewusst, den Menschen in den Mittelpunkt der Welt und der Wertungen; die eine beruft sich dabei auf die Kraft des Verstandes, die andere auf die Macht des Gefühls.

Nicht die Offenbarung der Bibel, sondern die Vernunft ist für die Aufklärung das ursprüngliche Geschenk Gottes an alle Menschen; in ihr sind schon alle Grundbedingungen einer natürlichen Religion enthalten, da sie den Menschen befähigt, an ein höheres Wesen zu glauben und Gut und Böse zu unterscheiden. Unter diesem Blickpunkt werden die Unterschiede der Religionen und Bekenntnisse unwesentlich, und der Glaube jedes Einzelnen und jedes Volkes hat Anspruch auf Duldung.

Dass im Kampf mit der Orthodoxie die Texte der Offenbarung einer scharfen Kritik unterzogen und ihre starren Autoritätsansprüche bestritten wurden, kam den Kreisen des Pietismus zugute, die von dem toten Dogmenglauben wie von der kalten, unpersönlichen Vernunftreligion gleich unbefriedigt waren. Ihnen war Religion vor allem eine Angelegenheit des Herzens; sie suchten die persönliche Begegnung mit ihrem Gott. Eine Welle der Rührung und Ergriffenheit erfasste damals die deutsche Seele, und diese Gefühlsbetontheit durchdrang, weit über die religiöse Sphäre hinausreichend, alle Bezirke des Lebens. In der Dichtung sind „Werthers Leiden" ihre reifste Frucht; hier zeigen sich aber auch ihre Grenzen und ihre Gefahr.

Die Spuren, die diese sich vielfältig mischenden Strömungen der Zeit im „Nathan" hinterlassen haben, können hier nur angedeutet werden. Wenn Nathan gleich im 1. Aufzug dem Wunderglauben Dajas entgegentritt und alle Vorgänge auf natürliche Weise zu erklären sucht, so ist das ebenso ein Zug der Aufklärung, wie jene aufgeschlossene Duldsamkeit Andersgläubigen gegenüber, die alle Helden des Stückes beseelt.

Noch in einem anderen Punkt ist das Werk seinem Jahrhundert verhaftet. Rationalismus und Irrationalismus erfassen eine wahrhaft edle und reine Liebe ausschließlich als Seelenliebe, frei von aller sinnlichen Leidenschaft. „Nur das macht es erklärlich, wie der Tempelherr und Recha sich so freudig damit abfinden können, Geschwister zu sein, ohne irgendeinen Konflikt zu empfinden" (Kluckhohn). Dem heutigen Menschen ist eine solche Denkungsweise fremd.

Ein anderer Einwand, der sich dem Betrachter des Stückes unwillkürlich aufdrängt, greift tiefer: Wo bleibt Lessings Duldsamkeit und Gerechtigkeit gegenüber dem Christentum, dessen Vertreter, an Juden und Mohammedanern gemessen, doch gar zu schlecht abschneiden? Um diese Frage zu beantworten, muss man sich die Entstehung des Werkes vergegenwärtigen.

Lessing hat als Bibliothekar in Wolfenbüttel die „Fragmente eines Ungenannten" erscheinen lassen. Es handelte sich dabei um Teile einer Arbeit, in der ein wenige Jahre vorher verstorbener Freund, der Hamburger Mathematikprofessor Reimarus, die Wunderberichte der Bibel, vor allem die Auferstehungsgeschichte, angegriffen hatte.

Diesen Gedankengängen trat als Sprecher der orthodoxen Geistlichkeit der Hamburger Hauptpastor Goeze entgegen. Er bemühte sich allerdings wenig darum, die Behauptungen der Fragmente zu widerlegen, verdammte sie aber aufs Schärfste und griff Lessing als ihren Herausgeber heftig an, obwohl dieser vorher erklärt hatte, die Meinung des ungenannten Verfassers nicht zu teilen. Dieser Angriff traf Lessing, als er nach nur einjährigem Eheglück seine Gattin und das neugeborene Kind verloren hatte. Was der Dichter damals litt, hat in dem letzten großen Gespräch zwischen Nathan und dem Klosterbruder (IV, 7) seinen Niederschlag gefunden. Mit aller Energie raffte sich Lessing aus seiner dumpfen Trauer auf. Er wehrte sich glänzend (Anti-Goeze); da erwirkten seine Gegner bei der braunschweigischen Behörde ein Verbot, das Lessing jede Veröffentlichung zu religiösen Fragen untersagte (13. Juli 1778). Im August kam Lessing dann der Gedanke, den schon vorhandenen Entwurf des „Nathan" auszuführen.

Das Werk ist aber nicht eine Antwort auf die Angriffe seiner Feinde, deren Unduldsamkeit vor allem in der Gestalt des Patriarchen gegeißelt wird; es zeigt auch, mit wie tiefem Ernst der Mann um die Fragen des Glaubens gerungen hat, der in der Antwort an Goeze das stolze Wort geprägt hat: „Nicht die Wahrheit, in deren Besitz irgendein Mensch ist, oder zu sein vermeinet, sondern die aufrichtige Mühe, die er angewandt hat, hinter die Wahrheit zu kommen, macht den Wert des Menschen."

Durch die Tiefe seines Gehaltes ist der „Nathan" mehr als ein Dokument der Zeit und der Erlebnisse seines Schöpfers. Betrachtet man allerdings die äußere Handlung des Stückes, so fühlt man sich unwillkürlich an die vielen Wiedererkennungsstoffe erinnert, wie sie sich von der griechischen Komödie und dem antiken Roman bis zu den Rührstücken der Empfindsamkeit hin zeigen lassen. Zu der Ringparabel ist dieses abenteuerliche Geschehen wohl nur schwer in Beziehung zu bringen.

Dass diese aber das Kernstück des Dramas bildet, hat Lessing nicht nur durch ihre bedeutsame Stellung in der Mitte des Stückes bekundet, sondern auch durch die Art, wie er die bei Boccaccio vorgefundene Geschichte von der listig ausweichenden Antwort des Juden vertieft und fortgeführt hat. So wurde der liebende Vater mit seinen drei Söhnen zum Symbol für das Verhältnis Gottes zu den Religionen der Menschheit; die Szene vor dem Richter aber, die Lessings eigenstes Werk ist, gipfelt in der hehren Forderung, den Streit zu begraben und nur durch die Taten der Nächstenliebe die Wahrheit und Größe des Glaubens zu erweisen (III, 7. Auftr.). Damit erhebt sich Lessing über den Streit der Parteien und überwindet den Gegensatz zwischen Offenbarungs- und Vernunft-religion durch eine Religion des Herzens und der Tat.

Und nun zeigt es sich, dass das bunte äußere Geschehen nichts anderes ist als eine Gelegenheit, diese Grundgedanken zu verwirklichen. Die milde Weisheit und Menschlichkeit Nathans überwindet zunächst die Starrheit des Tempelritters und gewinnt durch die Erzählung der Parabel die Freundschaft des edlen Saladin, trotz der Gegensätze des Glaubens und des Standes. Durch das Ungestüm des Templers und die Intrigen Dajas scheinen dann in der zweiten Hälfte des Stückes nicht nur diese Errungenschaften, sondern Nathans ganzes Werk in Gefahr zu geraten. Bald aber findet alle Verwirrung dank der menschlichen Größe Nathans ihre Aufklärung, und wenn am Ende all diese nach Volkstum, Stand und Glauben verschiedenen Menschen erkennen, dass sie in reiner, selbstloser Liebe verbunden sind, dann leuchtet die Idee des Stückes in einem so edlen Glanze der Bewährung auf, dass die Sprache des Dichters, deren Vers ja oft unter der Wucht der Gedanken zu stocken scheint, verstummt: der Vorhang fällt, indes sich alle schweigend umarmen.

Viele Schriften Lessings zeugen für sein immer erneutes Ringen um die Wahrheit, aber „ganz und voll hat uns Lessing sein Ideal nur in der künstlerischen Form des Nathan zurückgelassen, in diesem unvergänglichen Gedicht, das wohl wie Iphigenien kein ernster Erforscher der menschlichen Natur lesen kann, ohne dass sein Auge feucht wird: so leibhaftig, so wahr scheint da eine reine Seelengröße, welche uns von der menschlichen Natur über alle unsere Erfahrung hinaus höher denken lehrt" (Dilthey).

Robert Lichtherz

Zur Textgeschichte und Textgestaltung

Lessings „Nathan der Weise" erschien zuerst 1779 in drei Ausgaben. Die dritte (von der Forschung als 1779 c bezeichnete) wurde die Grundlage der späteren kritischen Ausgaben.

Nachdem Lessings Bruder Karl bereits 1791–94 eine größere Ausgabe der Werke veranstaltet hatte, unternahm Karl Lachmann die Herstellung seiner großen kritischen Ausgabe von 1838–40, deren dritte Auflage in der Bearbeitung von Franz Muncker 1886–1924 erschienen ist.

Dem Text unserer Ausgabe liegen Lessings Werke, Vollständige Ausgabe in fünfundzwanzig Teilen, Hrsg. von Julius Petersen und Waldemar von Olshausen, Berlin/Leipzig/Wien/Stuttgart (1925) zugrunde, deren ausgezeichneten Kommentar wir für unsere Anmerkungen dankbar benutzt haben. Rechtschreibung und Zeichensetzung wurden behutsam den neuen amtlichen Regeln angeglichen.

ANMERKUNGEN

Die Ziffern vor den Anmerkungen bezeichnen die Verse.

Von den vielen antiken und biblischen Quellen für Lessings Verse, die die Literaturwissenschaft nachgewiesen hat, konnten wir in unseren Anmerkungen nur wenige Beispiele bringen.

S. 1 *Introite, nam et heic Dii sunt. Apud Gellium.* (lateinisch). Tretet ein, denn auch hier sind Götter. Bei Gellius. Gellius ist ein antiker Schriftsteller des 2. Jahrhundert n. Chr. Seine „Attischen Nächte" enthalten eine Fülle von Aufzeichnungen über die verschiedensten Themen und sind wertvoll durch ihre Zitate aus verlorenen Schriften des Altertums. Nach Aristoteles geht das von Lessing als Motto gewählte Wort auf Heraklit zurück.

S. 2 *Sultan Saladin.* Regierte 1171–93 als Herrscher über Ägypten und Syrien. Seine Geschichte schrieb Cl. Marin: Histoire de Saladin Sulthan d'Egypte et de Syrie (Paris 1758). Eine deutsche Ausgabe davon erschien 1761 in Celle: Des Herrn Marins Geschichte Saladins, Sultans von Ägypten und Syrien.

Sittah. Der historische Name war: Sitt alscham.

Nathan. Eine Figur namens Nathan kommt vor in der 93. Erzählung von Boccaccio und im AT (2. Sam. 12). Aus Boccaccio nahm Lessing auch die Anregung zu seiner Dichtung: Vergl. Anmerkung V. 1911ff.

Recha. Diese Figur hat Lessing erfunden.

Daja. Nach einer Anmerkung Lessings bedeutet der Name: nutrix (die Nährende, die Amme).

Tempelherr. Der Ritterorden der Tempelherren wurde 1119 gestiftet. Zu der Ordenstracht gehörte ein weißer Mantel mit einem gezackten roten Kreuz.

Derwisch (persisch). Mohammedanischer Bettelmönch.

Patriarch von Jerusalem. Patriarch (griechisch): Titel des Bischofs von Jerusalem.

Emir (arabisch). Befehlshaber, Stammesfürst.

Mamelucken (arabisch: mamluck). Sklaven aus Turkistan, die als Leibwächter Dienst taten.

5 *Babylon.* An der Stelle der Hauptstadt des alten orientalischen Großreiches stand damals nur noch ein Dorf.

11 *Von der Hand schlagen.* Rasch erledigen.

99 *Kundschaft.* Hier: Kenntnis.

111 *Des Auferstandnen Grab.* Christi Grab bei Jerusalem.

132 *Traun* (mitteldeutsch). Fürwahr. Eigentlich: In Treuen.

144 *Keines irdischen.* Keines irdischen Wesens Sohn.

226 *Subtilität* (lateinisch, französisch). Spitzfindigkeit.

235 *Mehr als den ledern Gurt.* Lessing hatte sich aus Marins Geschichte Saladins notiert: „Dass die gefangnen Tempelherrn für ihre Loskaufung nichts geben durften als cingulum und cultellum, Gürtel und Dolch."

371 *Schachgesell.* Mitspieler beim Schachspiel.

372 *Al Hafi* (Barfuß). Lessings Modell für diese Figur war ein jüdischer

Rechenmeister Abraham Wolf. „Er galt für den größten Rechen-
meister und Sonderling, unterrichtete für wenige Groschen oder
umsonst und bewohnte in Mendelssohns Haus (des Philosophen
M. in Berlin) ein Zimmer, auch umsonst" (Zelter in einem Brief an
Goethe vom Januar 1826).
Itzt. Jetzt. Lessing verwendet stets die alte Form „itzt".

406 *Von seinem Hause.* Nach dem französischen: être de sa maison (zu
seinem Hause gehören).

408 *Mit Strumpf und Stiel.* Strumpf hier in seiner ursprünglichen Bedeutung: Stumpf.

419 *Wenn Fürsten Geier unter Äsern sind.* „Die Maxime (Grundsatz),
welche die Araber dem Aristoteles beilegen: es sei besser, dass ein
Fürst ein Geier sei unter Äsern, als ein Aas unter Geiern" (Lessing).

425 *Wuchern.* Hier: Ertrag einbringen.

441 *Defterdar* (arabisch). Schatzmeister.

464 *Vorfahr.* Hier: Vorgänger.

477 *Des Voglers Pfeife.* Vogler = Vogelsteller. Die Stelle nach einem be-
kannten lateinischen Vers (fistula dulce canit, volucrem dum decipit
auceps).

481 *Bei Hunderttausenden.* Zu Hunderttausenden.

524 *In meinem Absein.* In meiner Abwesenheit.

535 *Laienbruder.* Der Klosterbruder ohne Priesterweihe, der die nie-
deren Arbeiten zu verrichten hatte.

550f. *Verstopft die Milz; macht melancholisches Geblüt.* Die Milz galt
damals als der Sitz der Schwermut.

573 *Tebnin.* Bei Tyrus. 1187 ging es den Christen verloren.

576 *Sidon.* Stadt in Syrien nördlich von Tyrus.

595 *Sinai.* Der Berg Sinai, auf dem Gott dem Moses erschien.

622 *Sich besehn.* Sich umsehen.

632 *König Philipp.* Philipp II. von Frankreich, der am dritten Kreuzzug
teilnahm.

643 *Dem König wissen lassen.* Heute muss es heißen: den König wissen
lassen!

661 *Ausgattern.* Herausfinden. Eigentlich: heimlich (durch ein Gatter)
erspähen.

662 *Libanon.* Gebirge und Landschaft nördlich von Galiläa.

664 *Saladins vorsicht'ger Vater.* Der historische Saladin war schon 1173
gestorben!

673 *Maroniten.* Die nach dem hl. Maro benannten syrischen Christen
im Libanon und im Antilibanon.

678 *Ptolemais.* Das 1191 von Richard Löwenherz eroberte Akkon.

717 *Sein Paket wagen.* Nach dem französischen „risquer le paquet": es
darauf ankommen lassen.

734 *Spezereien.* Gewürze.

736 *Sina.* Alte Form für China. Erhalten in: Apfelsine.

758 *Kaiser Friedrich.* Friedrich I. (Barbarossa): 1152–1190. Er fand
während des dritten Kreuzzuges im Flusse Saleph in Kleinasien den
Tod.

792 *Gabel.* Eine Stellung im Schach, durch die zwei Figuren zugleich
bedroht werden.

Schach (persisch: König). Bezeichnet die Bedrohung des gegnerischen Königs.

801 *Vermuten sein.* Vermutend sein, vermuten.

805 *Dinar* (vom lateinischen: denarius). Arabische Goldmünze im
Werte von 8 Mark.
Naserin (nach einem Kalifen Nassr genannt). Die kleinste türki-
sche Silbermünze – weniger als 1 Pfennig.

811 *Wenn.* Veraltet statt: wann.

820 *Doppelt Schach.* Dadurch werden König und Königin zugleich
bedroht.

821 *Abschach.* Abzugsschach: Man bietet dem gegnerischen König
Schach durch das Versetzen eines eigenen Steines, der ihn gegen
einen dahinter stehenden deckte.

828f. *Wie höflich man mit Königinnen verfahren müsse …* Anspielung
auf Saladins großzügiges Verhalten gegen die Königin von Jerusalem und gegen eine andere Fürstin.

833 *Matt* (mât schâh). Heißt eigentlich: der König ist tot.

839 *Glatte (ungeformte) Steine.* Der Islam verbietet plastische Dar-
stellungen. Der strenge Mohammedaner darf daher auch keine ge-
schnitzten Steine verwenden!

841 *Iman* (Imam). Mohammedanischer Geistlicher, Vorbeter in der
Moschee.

857 *Richard Löwenherz.* Geschichtlich bezeugt ist der Plan, Saladins
Bruder Melek mit Richards Schwester zu vermählen.

886 *Männin.* Eine Bezeichnung aus der Luther-Bibel. Vergl.: AT. 1.
Mos. 2, 23.

892 *Akka.* Hafenstadt in Galiläa nördlich von Haifa.

958 *Bescheiden.* Hier: zurückhaltend, rücksichtsvoll.

1002 *Abbrechen.* Hier: sich etwas versagen.

1012 *Spießen, drosseln.* Der Orient kannte das Hinrichten durch
Pfählen (oder Spießen) und durch Erdrosseln; das Erdrosseln galt
als ehrenvoller.

1015 *Unterschleif.* Betrug.

1035 *Mich denkt des …* Ich erinnere mich daran.

1070 *Parsi.* Anhänger der von Zarathustra erneuerten altiranischen Religion.

1086f. *Übern Fuß mit ihm gespannt.* Auf gespanntem Fuß mit ihm.

1125 *Eingestimmt mit.* Abgestimmt auf.

1142 *Haram* (arabisch: verboten). Auch: Harem. Frauengemach der
Türken.

1196 *Prall* (niederdeutsch). Fest.

1202 *Verziehen.* Sich aufhalten, verweilen, warten.

1218 *Sein Leben in die Schanze schlagen.* Sein Leben aufs Spiel setzen.
Französisch: chance = Spiel, Wechselfall.

1261 *Betreten.* Überrascht, verwirrt.

1284 *Knorr, Knubbe.* Knorr (oberdeutsch) und Knubbe (niederdeutsch) bezeichnen einen „knorrigen" Astauswuchs.

1293 *Sich entbrechen.* Sich enthalten.

1386 *Kundschaft.* Bekanntschaft. Vergl. auch Anmerkung V. 99!

1445 *Aushöhlen bis auf die Zehen.* Lessing notierte sich das Wort aus

Sebastian Franck mit dem Bemerken: von einem der unersättlich ist.

1466 *Roche.* Persisch: ruhk = das mit Bogenschützen besetzte Kamel. Dann auch der Elefant mit Turm. Als Schachfigur: der Turm. *Feld bekommen.* Platz, freie Bahn bekommen.

1489 *Gheber.* Eigentlich eine Sekte der Parsi am Schwarzen Meer. Lessing verwechselt sie mit den Brahmanen am Ganges.

1498 *Delk.* Der Kittel eines Derwisch.

1506 *Ihm selbst zu leben.* Sich selbst zu leben.

1519 *Noch so bald.* Sogleich.

1556 *Eignen.* Gehören, zu eigen sein.

1562 *Was tat er dir, ... mir vorzuspiegeln?* Was tat er dir, dass du mir ... vorspiegelst?

1577 *Nur schlägt er mir nicht zu.* Nur passt er nicht zu mir.

1584 *Glaubensheld.* Märtyrer, christlicher „Blutzeuge".

1595 *Sich einverstehen.* Sich einigen, übereinstimmen.

1651f. *(Sinai), wo Moses vor Gott gestanden.* Vergl. Anm. V. 595.

1656ff. *Dass es bei weitem nicht so mühsam sei, auf diesen Berg hinaufzusteigen, als herab.* Lessing nimmt diese Nachricht einer alten Reisebeschreibung (Breuning von Buchenbach, „Orientalische Reyss", 1612).

1714 *Sein Ton.* In den ersten Ausgaben (1779 b und c) stand: Tun. Die Änderung in „Ton" zuerst bei Lachmann.

1736 *Treffen.* Hier als kriegerisches Treffen zu verstehen.

1738 *Soll mich stellen; soll besorgen lassen.* Soll mich verstellen und besorgt sein.

1743 *Abbangen.* Durch Bangemachen abfordern.

1756 *Sich ausreden.* Sich herausreden.

1759f. *Sich die Netze vorbei winden.* Sich an den Netzen vorbei winden.

1780 *Und könnt es freilich lieber.* Möchte es lieber können.

1812 *Etwas widersprechen.* Etwas in Abrede stellen, bestreiten.

1862 *Belauschen.* Heimlich beobachten, ausfragen, befragen.

1892 *Zu Rande.* Zu Ende.

1902 *Verbesserer der Welt und des Gesetzes.* Diese Titel nennt Marin in seiner Geschichte Saladins.

1911ff. *Die Ringparabel.* „Allerdings ist die dritte Novelle des ersten Buchs (von Boccaccios Novellensammlung) ... der Keim, aus dem sich Nathan bei mir entwickelt hat." (Lessing). Die Forschung hat inzwischen nachgewiesen, dass die Parabel schon vor Boccaccio in der Literatur des 13. Jahrhunderts vorkommt. Die „Kraft vor Gott und Menschen angenehm zu machen", von der Lessing spricht, wird bei Boccaccio nicht erwähnt, wohl aber in dem Fabelbuch der „Gesta Romanorum" (um 1300), das Lessing nachweislich auch gekannt hat.

1914 *Opal.* Ein milchig-blauer, in vielen Farben spielender Halbedelstein.

1933 *Sich nicht entbrechen.* Vergl. Anmerkung V. 1293.

1945 *In geheim.* Insgeheim.

1953 *Insbesondere.* Allein, besonders.

1973 *Bis auf die Kleidung ...* Bis in die Kleidung hinein.

2006 *Bezeihen.* Bezichtigen.

2024 *Betrogene Betrüger.* Auch diese Wendung lässt sich in der Literatur weit zurückverfolgen – bis auf Augustin zumindest! Lessing kann sie von dem Philosophen Mendelssohn übernommen haben.

2054 *Bescheiden.* Hier wieder: einsichtig, verständig, vorsichtig. Vergl. Anmerkung V. 958.

2069 *Bedenklich.* Bedrohlich, gefährlich.

2073 *Steif.* Fest.

2085 *Post* (italienisch: posta). Ein Posten Geld.

2090 *Sparen.* Erhalten, schonen.

2117 *Ausbeugen.* Ausweichen, ausbiegen.

2123 *Ich litte.* Alte Form für: ich litt.

2133 *Gelobt.* Gepriesen. „Gelobt" in Anlehnung an das „gelobte Land" (das geheiligte Land).

2163 *Seinen Ruhm stehen.* Seinem Ruhm entsprechen.
Sein Ruhm ist bloß sein Schatten. Auch dafür gibt es eine entsprechende Stelle bei dem römischen Schriftsteller Seneca: „Der Ruhm ist der Schatten der Tugend."

2209 *Bastard oder Bankert.* Bezeichnung für ein Kind aus einer unebenbürtigen Verbindung.

2233f. *Die Seele wirkt den aufgedunsnen Stoff bald ineinander.* Wie der Sauerteig das Mehl beim Brotbacken.

2253 *Versichert.* Seid versichert.

2286 *Vorsicht.* Hier: Vorsehung.

2330f. *Lasst Euch nicht die Wehen schrecken.* Lasst Euch durch die Wehen nicht erschrecken.

2361 *Verlenken.* Ablenken, in falsche Richtung lenken.

2411 *Das habt Ihr nun mit Fleisch und Blut erwogen.* Nach der Lehre der Bibel kommt aus Fleisch und Blut das Böse. Vergl. AT, Sirach 17, 30.

2437f. *Hält ... doch nur seiner die Stange.* Beschützt nur seine eigene Partei – wie der Sekundant beim Zweikampf mit der Stange den Fallenden schützt.

v. 2454 *Zweiter Auftritt.* Das Gespräch zwischen dem Patriarchen und dem Tempelherrn enthält viele Anspielungen auf die Auseinandersetzung zwischen Lessing und dem Hamburger Pastor Goeze, die hier nicht alle erwähnt werden können. Der Patriarch trägt manche Züge des streitbaren Hauptpastors.

2457 *Nach Hofe sich erheben.* Sich zum Hofe aufmachen.

2481 *Ist zu sagen.* Nach dem französischen: c'est à dire = das will sagen, das heißt.

2511 *Faktum* (lateinisch). Tatsache.
Hypothese (griechisch). Annahme, gedankliche Konstruktion.

2520 *Witz.* Hier: Geist (wie immer im 18. Jahrhundert).

2523f. *Pro et contra* (lateinisch). Für und wider.

2526 *Theatral'sche Schnurre.* Der Verweis auf das Theater ist eine Anspielung auf eine Stelle bei Goeze: „In der Theaterlogik ist Herr L. ein großer Meister."

2528 *Diözese* (griechisch). Verwaltungsbereich eines Bistums.

2531 *Fördersamst.* Schnell, sogleich.

2537 *Apostasie* (griechisch). Abfall vom Glauben.

2560 *Dieserwegen.* Diesetwegen, deswegen, aus diesem Grunde.

2571 *Kapitulation* (französisch). Hier in der alten Bedeutung: Abmachung, Vereinbarung.

2577 *Hand.* Hier: Handschrift.

2584 *Sermon* (lateinisch). Geistliche Rede, Predigt.

2589 *Funden.* Gefunden.

2596 *Problema* (griechisch). Eigentlich: Vorwurf, Streitfrage, Denkaufgabe.

2600 *Bonafides* (lateinisch). Der Gutgläubige. Anspielung auf die Einfalt des Klosterbruders.

2611 *Das Armut.* Das arme Volk, die armen Leute.

2613f. *Die Christenpilger mit leeren Händen...* Die Pilger erhielten vom Sultan eine Spende.

2649 *Assad.* Der Name ist erfunden, ebenso wie der Name Lilla für die Schwester.

2667 *In welcher Höhle du geschlafen?* Nach der Legende von den „Siebenschläfern" haben sieben Trabanten des Kaisers Decius die Zeit seit der Christenverfolgung (251) bis zum Jahre 446 eingemauert verschlafen. Sie erwachten dann ungealtert und starben selig nach dem Erwachen.

2668f. *Ginnestan, Div.* Div ist nach Lessing die Fee, Ginnestan das Feenland.

2685 *Jamerlonk.* „Das weite Oberkleid der Araber" (Lessing).

2686 *Tulban* (persisch: tulband). Heute Turban.

2709 *Schwierig.* Empfindlich, bedenklich.

2764 *Gewöhnen.* Gewohnt werden.

2767 *Ausbund aller Menschen.* Eigentlich: das außen am Laden Angebundene, das „Schaustück". Dann: ein Mensch mit bestimmten übertriebenen Eigenschaften oder Neigungen.

2772 *Körnen.* Mit Körnern locken, ködern.

2776 *Verzettelt.* Verloren, abhandengekommen.

2779 *Tolerant* (französisch). Duldsam.

2780f. *Wolf im philosoph'schen Schafpelz.* Vergl. die Bibelstelle über die falschen Propheten, die in Schafskleidern kommen: Matth. 7, 15.

2789f. *Sich nehmen.* Sich benehmen.

2797f. *Lass dich weisen.* Lass dich belehren.

2830 *Das machst du gut.* Das holst du nach.

2881 *Nicht rühr an!* Nicht anrühren!

2935 *Eremit* (lateinisch). Einsiedler.

2936 *Quarantana* (italienisch: Zeitraum von 40 Tagen). Der Berg der Versuchung Christi (zwischen Jericho und Jerusalem), auf dem Christus 40 Tage gefastet haben soll.

2947 *Tabor.* Der Berg der Verklärung Christi.

2979 *Gazza* (Gaza). Hafenstadt im Süden Palästinas.

2982 *Darun.* Ortschaft mit Burg bei Gaza.

2986 *Askalon.* Hafenstadt nördlich von Gaza.

3039 *Gath.* Stadt im Nordwesten von Jerusalem.

3044 *Jemand flüchten.* Jemanden in Sicherheit bringen.

3077 *Vorsicht.* Vergl. Anmerkung V. 2286.

3106 *Brevier* (lateinisch). Gebetbuch des Geistlichen.
3135 *Stecken.* Anvertrauen, verraten, angeben.
3150 *Unterwegens.* Zwischenform zwischen dem ursprünglichen „unterwegen" und „unterwegs".
3158 *Kahira* (Masr es Kahira, die Siegreiche). Italienisch: Kairo.
3163 *Zeitung.* Hier: Neuigkeit, Nachricht.
3166 *Botenbrot.* Botenlohn.
3176 *Abtritt.* Ableben, Tod. Saladin starb 1193.
3193 *Der Lecker.* Im 18. Jahrhundert allgemein als Scheltwort üblich.
3211 *Thebais.* Oberägypten. Nach der alten Hauptstadt Thebai (Said).
3261 *Aberwitz.* Unverstand. Vom mittelhochdeutschen „abgewitze" = ohne Witz.
3266 *Launisch.* Verärgert, böse.
3346 *Stöber.* Spürhund.
3348 *Pfiff.* List, Trick.
3375 *Wurmisch machen.* Wurmen.
3377 *Gauch.* Bezeichnet ursprünglich den Kuckuck. Dann als Schimpfwort gebraucht: Narr, Geck.
3381 *Ausbeugen.* Ausbiegen.
3493 *Verhunzen.* Zum Hund machen, verderben.
3520 *So angst.* So ängstlich.
3546 *Schlecht und recht.* Schlicht und recht.
3619 *In die Richte gehen.* Einen kürzeren Richtweg benutzen – quer durch ein Gelände hindurch.
3627 *Bei der Göttlichen.* Bei Maria, der Mutter Gottes.
3661 *Faseln.* Irre reden.
3707 *Wenn nur kein Verlust nicht droht.* Die doppelte Verneinung in Anlehnung an das Französische.
3716 *Gach.* Jäh.